滄海叢刊

文化哲學講錄

（三）

鄔昆如 著

1983

東大圖書公司印行

中華民國七十二年十二月初版

文化哲學講錄（三）

基本定價貳元陸角柒分

著作者　鄔昆如
發行人　莊剛彰
出版者　東大圖書有限公司
總經銷　三民書局股份有限公司
印刷所　東大圖書有限公司
臺北市重慶南路一段六十一號二樓
郵政劃撥一〇七一七五號

行政院新聞局登記證局版臺業字第〇一九七號

文化哲學講錄(三)目次

奈何天？天奈何？

——生命意義的追尋

一個人生存在天和地之間，生活在人與人之間，最直接的問題是：如何做人？而最方便的答案則是：頂天立地，出人頭地。這是人生觀的問題，它涉及很廣，但在根本上，只是思想基礎的問題。

記得年輕時就讀台大，有一天報紙上看到一則新聞，如今還記憶清晰，是一個死刑犯，法官在判決了他的死刑之後，照法院的慣例，問犯人：「你可有什麼話說？」犯人大聲說：「有，請法官公告天下，我的人生觀是：『頭要頂天，脚要立地，中間良心要黑！』」我當時以及同房間的同學看了這種聲明，都嚇了一跳，以爲不可思議。爲什麼呢？因爲我們都以爲「人之將死，其言也善」，而且亦以爲固然「頭要頂天，脚要立地」，但「中間良心要光明磊落」。

人生的意義是什麼？

一、訴諸權威的人生

你問海明威：「海先生，人生有什麼意義？」海氏總會說：「你是台灣來的吧！我知道台灣的情形，街上多的是西藥房，用不著醫生開證明，你就可輕易地買兩瓶農藥，然後回家把它喝下去，這就是你生命的意義！」

海明威是自殺的。

如果你不滿意洋人的答案，那就找一個東方人吧，那就是川端康成，你說：「川端先生，人生有什麼意義？」川端看了看你，知道你是基隆人，就說：「基隆港很漂亮，其特色是每一間舖子都賣繩子，你就花多點錢，買根最漂亮的繩子，然後打個結，把頭伸進去，這就是你的生命意義！」

川端康成也是自殺死的。

海明威和川端康成都獲得了諾貝爾獎，得諾貝爾獎的人對人生都那末絕望了，人生還有什麼意義？

二、訴諸金錢的人生

經濟發展的一個結果是，功名利祿，近來盛行所謂的三三制；人們早已不滿意於三百元的手錶，三千元的脚踏車，三萬元的違章建築；甚至亦不滿足於三千元的手錶，三萬元的摩托車，三十萬元的小公寓；而是要求三十萬元的勞力士手錶，三百萬元的林肯牌轎車，住三千萬元的花園別墅。

人生的意義也就是追求這種升級的三三制嗎？

三、無所謂主義

有人根本不去問「人生有什麼意義」，而採取一種「不要問，活下去！」的作法，他們以爲今朝有酒今朝醉，是最現實的生活，也就是最有意義的生活。

但是，對這些答案，我們滿意嗎？我們肯跟著海明威去自殺嗎？我們果眞一天到晚都追求三三制的豪華生活嗎？我們果眞不去考慮一下自身生命的意義嗎？

不會的，單就憑我們的理性和智慧，我們就要使自己，以及使自己親愛的人，活得好、活得幸福、活得快樂、活得有意義。

壹、自我存在的發現

當我一走進講堂，發現許多眼光都投向我，因而先發現各位存在，進而亦覺得自己存在，然後發現諸位很可愛，亦受了感染，覺得自己亦年輕了許多。

這就算是「存在」的發現吧！

像是出車禍受了重傷的人，醒來之後第一句話總是問：「我在什麼地方？」「現在是什麼時候了？」問題涉及到時、空，希望以時空的座標來界定自己的存在。

「我在那裡？」不是在高雄中正活動中心嗎？「現在何時？」不是民國七十二年四月二日嗎？但是，時空的問題並不是那麼單純的，人類文化計算時空的標準本身就是相對的，用相對的東西，怎麼能界定人生呢？於是，生命哲學家提出了進一步的問題：「爲什麼生活？」「爲誰工作爲誰忙？」這是用感性的「幸福」或「痛苦」的感受來界定存在。

法國哲學家笛卡兒曾說過：「我思故我在」，用思想來展示自己的存在。但是，如果有人肯定，我們現在不是在至善廳演講，而是在做夢，我們能用什麼方法說服他？是否說出：「你作夢，所以你存在」？就足以指陳存在的眞實性？

當然，存在是再明顯不過的，不需要證明，當然亦無法證明。存在比什麼都眞實，因爲，就是你否認自己的存在，這否認的行爲就暴露出你的存在了。

貳、存在的疏離與認同——命運

一、首先是消極的荒謬、挫折、矛盾、苦悶

面對存在，世界各民族、各文化都發明了一個「人家」；用之來搪塞責任，公務人員在辦公

室喝茶、看報，不努力辦事，晚上良心不安，但仍然可以說：「人家還不是一樣！」小孩子不想喝牛奶，要喝白開水，可是又怕媽媽不高興，因而嘟起小嘴，說：「人家要喝白開水嘛！」伊甸園中的亞當，在吃了禁果之後，竟對上帝答辯：「是你造的那個女人叫我吃的！」

「人家」總是我們責任的替身，它是否亦眞的可以代我們受罪？

可是，事實上，孽與罪並不是相等的，在交通擁擠的時刻，十字路口又遇車禍，你沒過錯，但是你得毫無條件在受罪；你坐上計程車，就把命運交給了司機，萬一他撞平交道，你沒作孽，但爲何受罪？一個小孩子還沒有到法定年齡，但爸媽離了婚，法院判他要跟爸爸，他爲什麼因此就失去了母愛？

沒作孽，要受罪，似乎是人生不可避免的命運。

(1)沒有人問你，要不要來到世上，投胎爲人，你就如此這般地成了人，來到了世界上。沒有人問你要選擇什麼姓，你已經成了張家的娃娃。我的小兒子讀幼稚園時，有一天回家，很正經地問：「爸！我們改姓好不好？」這是個大問題！原來，老師開始敎小朋友寫字，而且先學寫名字；對小朋友來說，我這個鄔字眞不好寫，不是四點點得不好，就是旁邊的耳朶裝得不對，更糟的，是他同桌的是個丁姓的孩子，相形之下，難怪兒子要改姓了。我花了好多時間，從歷史淵源開始，慢慢地說明鄔姓的偉大，並且告訴他，爸爸亦姓鄔，而且爸爸的爸爸亦姓鄔，我們一家人都姓鄔，因此，才安定下他的心，不再作改姓的要求。

要認同自己的存在，並不是一件容易的事，因為這一切都是命！

⑵生來不平等：面貌有美有醜、有聰明有愚笨，有貧有富；在這些生來的不平等之外，尚有人為的差別，地位、聲望、幸運，都不一樣。為什麼我生來就不如別人呢？為什麼我現在的待遇比不上別人呢？

這一切亦都是命！

⑶對這些不平等事件的反應：有許多人不認命，不肯認同自己是中國人，於是把子女往外國送，子女在美國結了婚，生下的就是美國人，自己不就成了美國人的祖父母？或者，不擇手段地實踐三三制，倒會啦！搶銀行啦！或是一天到晚想著猜愛國獎券的號碼，做著發財夢。當然，更極端的，就是跟隨著海明威和川端康成自殺去，買根繩子上吊。

⑷智慧與愚蠢：人類又意識到：在歷史中好不容易把地球表面裝飾得美侖美奐，可是，却用雙手所製造的武器把它給毀了。然後又坐在斷磚碎瓦旁，痛哭流涕，發誓以後永不做傻事。可是，隔不了多久，又故態復萌，又破壞了自己的成果。經過了二次世界大戰了，人們還在發展武器，準備再幹一場。

當然，這是一些比較極端的想法，一般俗人的做法；而世上大多數人，都是循規蹈矩的：都在用勤儉致富的原則，來替自己、替子孫謀幸福。

以整體來看，文化中的道德和宗教，總有辦法把許多醜惡蓋住，而用理想來美化現實。就如强調：宇宙間地球是老大，而人又是地球上的老大。因爲，人爲萬物之靈。

因而，文化眞的給人一種寄託，而宗敎文化更給人一種未來的寄望。

二、無可奈何與認同存在

上面說的，文化緩衝了人與命運之間的抉裂。但是，儘管宗敎文化以及道德文化處處爲人著想，然而，科學文化却好像多方扯後腿。

⑴文化的三大革命：科學知識的發展，炸毀了人的自信與自尊，西洋人千不該萬不該發明了玻璃，有了玻璃，人的眼睛就加大了，那是顯微鏡，以前看不見的小東西，現在看得見了；同時，人的眼睛也被拉長了，這就是望遠鏡，以前看不見的星星，現在可以看見了。

這一「見」非同小可，因爲人類赫然發現了，地球不是宇宙的中心；那「人」在地球上是老大，究竟有什麼用處。這種「天文革命」顯然地把人的地位降低了。可好，西洋宗敎一千多年來强調的「靈魂是上帝肖像」的信仰，仍然存在；於是，祇要人有地位和尊嚴，就是地球變成老么，也沒有什麼關係。

可是，繼十六世紀的「天文革命」之後，十九世紀又興起了「生物革命」的潮流。「人是由猴子變的」語句，是在動搖人性的尊嚴，因爲，人的來源，以及他的祖先十八代，都不是什麼好東西。

這生物革命的效果尚未完全發揮，就連著發生了心理革命。二十世紀的行爲主義以爲人和螞蟻、禽獸一般，都是環境的產物，都由環境所支配，自身並沒有自由和尊嚴。

這眞是「屋漏偏逢連夜雨」，人生已經夠悲慘了，又有人要落井下石，在本來已經坎坷的人生中，加上更多亂七八糟的東西。

結果是：人根本不是什麼東西，是的話，就是命該如此的存在。

西洋這種四百年經歷的三大革命，中國的五四時代，通通都承受了，而且承受了濃縮液。對當代中國人來說，什麼王道？德治？仁政？什麼快樂？幸福？全都不是一種空想？

⑵死亡的終結：在存在的命運中，雖然有許許多多的人不幸失敗了，放棄奮鬥了，但是，仍然有絕大多數的人在努力，而且亦的確創造了可觀的成果。但是，「死亡」的事實，却否定了一切。因爲，死亡這一關誰都要闖，無人倖免。在死亡面前，一切存在都得到相同的待遇，而且都是最終的判決。人在死亡面前果眞失去一切。

在歷史的探索中，人類一直在掙扎，雖然獲得的是永無止境的失敗，可是總看不出有絕望的跡象，或是放棄奮鬥的證據。

埃及人發明了木乃伊，建造了金字塔，以肉體的不朽來闡釋永恒的概念，以與死亡相抗衡。

秦始皇、漢武帝開始追求長生不老藥，開創了中國往後的煉丹、畫符、算命、看風水等等民俗。

及至佛教傳來東土，把人生的時間從今生今世退後到前生前世，進展到來生來世，其目的也就在於突破時間，進入永恒，把生命帶向永恒的國度，而超脫死亡的束縛。

可是，人仍然是會死的；許許多多的人，都在死亡前扯起了白旗，以爲死亡是生命的結束。

(3)在「無可奈何」中找尋自救之路：首先是古聖先賢在求生存過程中，把自然的秩序改變爲人爲的次序；這也就是文化或文明的開始；無論是伏羲、神農、燧人、有巢等人，都是開創了人文生活的先驅。我們祇要想一想窗簾或電燈，也就能理解到人類設法控制自然了；可不是嗎？太陽出來了，應是工作的時間，人們却可以用窗簾把陽光擋在外面，睡自己的大覺，睡上太陽下山了，自然界應是休息的時刻了，有人打開電燈，還要摸兩圈麻將。求生的本能刺激了智慧，而發明了科技，去戰勝自然。

但是，人類除了智慧還有良知，總是在求生存之上再加上求仁，而且提出「無求生以害仁，有殺身以成仁」的原則；因而在科技之上，發展了道德、藝術、宗教，把人的生命，以突破時間的束縛，奔向永恒的領域；以衝破空間的限制，走向無限的境界。也就在永恒和無限所交織的座標中，使人安身立命。

無論是中國的孔子，或是希臘的柏拉圖，或是印度的釋迦，或是希伯來的耶穌，都有「知其不可爲而爲之」的精神，設計了理想的世界，作爲人類未來的遠景。

但是，這一切努力都無法用科學來驗證，都是尚未到來的遠期支票。人活在坎坷的人生中，一切的遭遇都說明了「奈何天？」，「一切都是命！」

叁、存在的把握—把命運改變成使命

從前面的一些抽樣的描述中，人生眞像一隻破爛不堪的小船，到處進水，漂流在這個渺無邊際的人間海洋中，眼看就要沒頂了。

我們暫分兩個面向來探討這課題：

一、面對現實

現實中恐怕我們對自身存在的研究做得不夠，我們很關心世界級明星的三圍，我們也很關心自己的成敗得失；可是，對我們自己本身的究竟，却沒有花多少時間去思考。

當代的知識份子也太過於依賴別人的研究了，可不是嗎？美國祇要感冒，我們就打噴嚏；美國人喜歡行爲主義，我們也就跟著時髦起來。但是，我們是否自己要親自去證實一下？就如法國的孔德，發明了三站說，以爲人類文化的發展，先是宗教和神話，後是理性與哲學，當代是科學實證。結果許多學者也就盲目地相信，不但相信，而且還不斷地掛在嘴邊，當作信條來教訓下一代。殊不知無論中西文化，都不是如孔德說的那樣，都不是先有宗教，後有哲學，再有科學。宗教的興盛，無論是中國的佛教，或是西洋的基督宗教，都發展在哲學之後，而非哲學之前。這種錯誤的理論還是由於崇洋媚外的心理，走私到我國來了。最近，有關行爲主義的事，也有過相當重要的突破，行爲主義者以爲人是環境的產物，自身沒有自由，沒有尊嚴，但在另一方面，他們却要用實驗去證明；殊不知在一個很重要的實驗中，不但沒有證明出人是環境的支配物，反而導致人的自由以及人超乎環境的本能，這實驗的方式是這樣的：

以一隻狗和一個小孩子來實驗：第一階段是：打鈴，給狗一塊骨頭，給小孩一塊糖；打鑼，就用棍子打他們。在第一段實驗中，狗和小孩完全一樣，聽到鈴聲，就流口水，等着吃東西；聽到鑼聲，就趕快躲。第二階段的實驗反過來，鈴聲之後打他們，而鑼聲之後給東西吃。開始時，狗和小孩都非常奇怪，情緒不穩定，但很快就適應了，而把自己調整爲：鈴聲，快躲，鑼聲，流口水，等著吃東西。這第二階段人和狗沒有分別。問題在於實驗的第三階段：打鈴打鑼不一定，打或給東西吃也不規則，這時，那隻可憐的狗就發瘋了；而小孩呢？不但沒有瘋，而是變得更精明了，反應更快了，因爲，他根本不再理會鈴聲或鑼聲，而是看有沒有糖。

人類可以分淸符號以及符號所代表的意義，他有智慧，他和禽獸不一樣，他有尊嚴和價值。

在破了那對人性侮蔑的學說之外，還要立人性存在的意義。

先就問及人的結構問題：人的結構在縱的方面有精神、有肉體，這靈肉構成的人，一切措施都應當平衡，有肉體生活，也有精神生活；人的結構在橫的方面有男女之分，而這「分」是「合」的來源；無論以中國的陰陽結合去解釋，或是用柏拉圖的「一半追求另一半」，希伯來的「一根肋骨」來理解，都顯示人性的完美，是男女的合一，而透過這合一而「贊天地之化育」，替天行道，而傳宗接代。

如果說靈肉的結合是頂天立地，則男女的合一所造成的，是繼往開來；於是人生的意義亦就從人的結構當中，找出了理解之途。

人在理解到自身的頂天立地、繼往開來的責任，那就必能接受命運，認同命運，而且透過這接受和認同，而開創出自己的理想，那就是把命運轉換成使命。

二、開展理想

上面的認同，除了對命運的認知和接受之外，就是如何把命運轉化成使命。而在命運的理解中，獲得了頂天立地，以及繼往開來的使命，也正是邁向使命感的道途。

存在主義大師卡繆，在其西齊弗神話中，描寫西齊弗在天庭犯了罪，被大神降罰到塵世來，要推一塊石頭上山。可是，這塊石頭却是有靈性的，一到了山頭，又會滾下來。這種懲罰，在大神心目中，是要用失敗的痛苦來折磨西齊弗，使其意識到永無止境的失敗。但是，西齊弗却知道了自己如何來解脫：他先認定自己的責任，祇是把石頭推上山；這點他做到了。至於石頭是否仍然要滾下來，這並不關他的事。於是，西齊弗在推石頭的路上，一心一意想着，自己在負責，自己在盡責任，很有完成任務後的快樂心境。再後來，西齊弗不但自覺到自己已經盡了責任，而更重要的，是他內心的安慰，他發現祇要石頭掉下來，他就不會失業，他仍然可以搬石頭上山。於是，責任中充滿了明天的希望。原來，大神罰他的目的，是在難爲他，叫他心靈受罪，但是，在苦難中，西齊弗反而處之泰然，甚至覺得充滿希望；現在，既然西齊弗把命運轉換成使命，內心已感受不到痛苦了，那懲罰就失去意義，於是，西齊弗被批准回到天庭。

西齊弗的表現，是「天奈何？」

中國的諸多神話體系中，亦有愚公移山的故事。這愚公是擇善固執的，他把房子蓋好之後，發現對面的兩座山擋住了他的視綫；於是，愚公開始挖山土山石，把它倒入海中。別人勸他這種傻事不值得；但是，愚公却以爲自己子孫衆多，而山不會增長；這樣，如果他痛下決心，一天天地挑泥挑土，總有一天，山會被削平的。山神知道了這事，趕快通報天帝，而天帝感愚公之誠，而命那二座山神，連夜遷到海中。

愚公的事例，亦是「天奈何」的典範。

這種「天奈何」的毅力，也就是個人在意識到自己的存在，在認同了自己的存在之後，把意義塡到存在的空白中；儘管生命中感受不到幸福和快樂，可是，却認爲自己有責任，去爲人類，爲世界去創造幸福。

幸福本來是不存在的，它不像樹上的菓子，等待我們去摘；它祇是一個「可能性」，由我們自己去創造。

對幸福的信念是人文層面的東西，它不是自然科學的；自然科學要用事實來證明原理，一旦事實出現了例外，原理就得跟着改變。就如英國早年的生物學定律「凡是哺乳動物都是胎生動物」，後來在澳洲發現了鴨嘴獸，是哺乳，但是卵生；因而要改變原則。這是自然科學的法則，在人文科學中亦有一條「母愛子」的道德法則。當然，問及世界千千萬萬母親，果然有一二位不愛自己的兒女；怎麼辦？改原則嗎？不！要改的是媽媽，在人文世界裡，是要輔導那個母親，叫她去愛自己的子女。

人生是人文的，也就是要改變許多已成事實，改變許多困難，經歷幾許荒謬，感受多少矛盾，而仍然不絕望地向著理想發展。

個人的獨善其身，變成君子：個人的兼善天下，成爲聖人，也就是個人的使命所在。

在兼善天下的豪氣上，「個人」從出生到現在，除了媽媽推搖籃的手之外，尙有許多人的關懷和垂愛，才使人從嬰兒變成幼童，長成孩童、少年、青年……每一個人都虧欠別人太多太多。因此，對「我可以不可以自殺」的問題，根本不能輕易地說：「你是你自己的主人，你現在和你的存在過不去，當然就可以結束它」；而是要人認淸權利與義務並重，在義務沒有盡到之前，如何能配有結束自己存在的權利呢？

何況，「得到的多，付出的也多」，聰明才智高的，要服千萬人之務，造千萬人之福；聰明才智低一點的，亦得服百十人之務，造百十人之福呢！

人類文化興盛時代，都是因爲有許多聰明才智高的人出來服務；反過來，文化沒落時期，亦都是聰明才智高的人，不肯出來服務社會，反而要享特權之時。

國父孫中山先生的服務人生觀，以及互助、仁愛的學說，亦都是當代社會中，貫通著人際關係，開拓出人與人之間的使命感與責任心。

結　論

奈何天？是人類——你和我都感受到的命運，我們都感受到自己被拋棄在這個世界上；這是命運的無奈。

可是，與其詛咒黑暗，不如點亮蠟燭，而把「奈何天」轉化成「天奈何！」，把命運轉化成使命。

正如先總統　蔣公說的：「生活的目的在增進人類全體之生活，生命的意義在創造宇宙繼起的生命」。

服務的人生，參與宇宙的大化流行，原就是生命的本質。

有一群小螞蟻，一天都掉進一個奶瓶裡；許多螞蟻就大喝特喝，因而脹死在瓶中；其中一小群覺得沒有出路，正在徬徨時，聽見一隻螞蟻在叫：「算了吧！反正要死，就不要變餓鬼呀！」於是，又是大喝之聲，小群螞蟻又死在瓶中。只有一隻小螞蟻，知道沒有出路，但却不肯死去，於是拼命揮動小腳；當牠筋疲力盡時，下面浮上一小片牛油（牛油是牛奶經過衝撞變成的），小螞蟻得救了。

各位聽衆，我們亦好像這群螞蟻，不知不覺間來到了世界上，是要醉生夢死呢？是要及時行樂呢？是絕望地自殺呢？還是向那隻小螞蟻學習？在自己的腳底下建立支持自己的基礎？這個問題是你和我都要回答的，而且還要自己親自回答的。

人生哲學的形上基礎

——三民主義人生觀建立的嘗試

緒論

人生哲學的課題，首先問及的，是「如何生活」；然後是「如何用哲學的智慧來生活」；再後是「爲什麼要生活」；最後是「人生究竟是爲了什麼」。

面對這些問題，我們嘗試着分二個面向來進行討論：面向之一是「結構」問題，問題的核心指向人是由那些部份構成的。這顯然的是比較客觀的課題，其所要求以及所期待的答案，也是比較客觀的；甚至可以說，可以由實驗來引證的。另一個面向是「意義」的課題，它是主觀的，是面對結構的事實，設法用慧心來界定其含義。這是這篇講題「縱」的發展部份，其「橫」的結構則是用「歷史發展」和「內在涵義」兩種方式，來加以檢討。

壹、人的結構

人類生存在世界上，由於早已進化成人，有許許多多的事實，足以證明人是萬物之靈❶，而這「萬物之靈」的榮銜不但在自然世界中締造了人文世界，開創了文明，開展了文化；而且在文明和文化中展示了其「抽象」的能力，這能力使人能用抽象的語言來超越具體的事物。

也就由於這種天生來的認知能力，使人看到「人」就會「研究」人。而研究的方式，通常是先用較低層次的感官，去「觀察」人的「結構」；然後用智慧去「判斷」這些結構所含有的「意義」；而從這意義的把握，導引出人生的意義來。❷

從這種思路：從觀察現象到判斷本體，亦卽是說，從對結構的觀察，到對意義的判斷，再到人生意義的決定，也就形成哲學中「基礎」問題的開展。

在哲學探討基礎的運作中，本來是不負責解釋現象，亦不負責把現象呈現，而是要在其形而

---

❶ 書經泰誓上：「惟天地萬物父母，惟人萬物之靈」。

❷ 國父孫中山先生在民權主義第一講中說：「考察宇宙現象方法有兩種：一種用觀察，卽科學；一種用判斷，卽哲學。」國父全集，第一冊，第六七頁。

上的層面，把現象背後的眞象解說明白，便算盡了責任。

這樣，在「人的結構」課題中，因而也就不在物理學的層次，探求人體的量的方面的課題，並且，亦不去談其生理的問題。在人生基礎的問題中，人有幾塊骨頭，或是有多少毛細孔，或是有多少神經系統，都不重要；重要的是：人的結構本身，其現象背後隱藏的本體是什麼。

在人的本體探討中，首先就「個人」的具體呈現作爲課題：因爲，在具體的世界上，沒有一般性的「人」存在，所存在的都是「個別的人」，是張三、李四，或是王五、趙六。對這個個別的「人」的探討，雖然用上抽象的「人」的名詞，但是，人的個別性，却是探討「人」的最起碼的工作。

在人的「個別性」探究完了之後，並不因此就認識了「人」，因爲人除了獨立的存在之外，還有其社會性，亦卽是人與他人的人際關係。在現實生活中，人際關係眞的要比單獨的人來得重要。

因此，在對人的「結構」課題的探討中，一方面討論人的個別性，另一方面則要檢討人的社會性，或是人的羣體性。

一、個別性：關於個人的學說，最早的就是二元論。希臘哲學家柏拉圖，由於對「變化」的觀察，發展了以不變應萬變的觀念論。在觀念論中，本來是把宇宙分成觀念界和感官界二元；但是，柏拉圖的心意是要統合這二元宇宙。而這統合的方法，一方面導引出「人」的存在，使其靈魂來自觀念界，而使其肉體源自感官世界；這樣，「人」的出現，無形中就湊合了觀念界和感官界；在「人」身上就是觀念和感官的合一。另一種統一的方式是：以觀念界爲理型，而感官界則爲投影，用體和相的方式說明宇宙的整體性。❸

以人的靈魂來自觀念界的說法，固然在做着統合宇宙的工作；但是，更重要的，却是指陳了人的結構，其中一部份是屬於觀念的；因此，凡是觀念界的特性，靈魂都具有，同時，亦是人性的一部份。這部份的特性，無疑地是超時超空，不死不滅，無形無相。這樣的靈魂却與肉體結合，才成爲人；而肉體來自感官界，凡是感官界的特性，肉體都有，而且這些特性亦都成爲人的特性。人的有死有壞，屬時屬空，有形有相，都是因爲人有肉體。

這末一來，在柏拉圖的心目中，靈魂和肉體分開，獨立存在，才是眞象；而反過來，靈肉的結合倒是件不正常的現象，是件無可奈何的命運，是人的災難（關於這點，老子不也感受到嗎？道德經十三章說：「大患若身，吾所以有大患者，爲吾有身；及吾無身，吾有何患？」）

柏拉圖提出了人的靈肉二元，在宇宙論來說，是要人去統一宇宙，但在人生哲學上看，則是提示人的命運，告知人面對命運時的無奈；但是，在另一方面，則鼓勵人在命運的坎坷中，設法把命運轉換成使命。柏氏對理想國的理想政治和社會的結構，就是完全要人積極地，以觀念界的

---

❸ Platon, *Timaios*, 42a.

眞善美，來超度感官世界的所有缺陷。

靈肉二元在哲學的意義是形而上和形而下之分，而人在這種結構中是貫通了上下，亦卽是說明了人性在宇宙中「縱」的結構。

相對於「縱」的結構，還有「橫」的結構，這結構也就是男女的二性。縱的結構裏在說明人性抽象的本性，卽是統合着靈肉二元；而橫的結構擧出了具體的人性存在：或男或女。人性在具體存在的展示中，是由男女兩性所分擔及涵蓋的。在柏拉圖反對當時奴隸制度以及殖民政策，而提出「正義」的概念中，以男與女的關係，是平等對待的，男、女各是人的一半。也就因此，柏氏解決了異性相互間的關係；以爲戀愛與婚姻生活是人性的一半追求另外的一半。而這種人性橫的結構由男女二性所擔負，其形而上的理由，則是造化神要創造人類時，從至上神手中接到的，都已經是被分成二半的靈魂；這些靈魂降凡到塵世，也就成爲有男有女。這種人性的被分割，當然是人性的不幸，以及其不完美，有許多缺陷的理由。但是，正因爲這種缺陷，才迫使人開始追求合一，追求歸根，各人去追尋自己另外的一半。(柏拉圖自信，自己是被派遣來拯救世界的，其另一半並未降凡，因而採取獨身，終生不娶。) ❹

柏拉圖的主張代表了西方地中海北岸的文化；地中海東岸的希伯來民族，亦有他們的獨特

---

❹ 同上 91d.

看法：他們傳統的宗教信仰奠定了往後的人生觀。他們以爲人的結構，在縱的方面，是靈魂和肉體的結合；而這結合的運作是上帝的創造。人的肉體來自感官世界的泥土，但是，人的靈魂却是「上帝肖像」。舊約創世紀所記載的，也就是說明人性的構成是界於物性與神性之間；每一個個人都是靈肉合成的，一方面具有至高無上的神性，但另一方面則是卑微如糞土。❺

在橫的結構上，希伯來遊牧民族的男性中心社會，覺得妻子是丈夫的附屬，因而敍述成女子是男人的一根肋骨和泥土以及上帝吹氣所造成。男女之成爲一體是原相，而其分裂則爲異端；但是，關於婚姻或是組織家庭，則仍然是「離開父母，結合妻子」，作爲人生的必經之途。❻

男女的結合，所造成的結果，是生育子女，是傳宗接代。在柏拉圖時代，由於奴隸制度的極端發展，致使貴族的子女是貴族，奴隸的子女是奴隸，這種不平等的遺傳，導引了柏氏不敢在哲學中，提倡多子多孫的思想；但是，希伯來民族，則和我中華民族一般，倡導多子多孫，而且頗以無後代爲恥。

二、社會性：也就由於人性的這種「橫」的考察，男性與女性的分別以及其結合的可能性，而導引出了人的社會性。因此，人性不是孤立的，而是與別人息息相關的；這相關性不但是人性存在的特性，尤其更是人性延續的必需條件；沒有男女的結合，就沒有下一代的誕生。

---

❺ 舊約創世紀第二章第七節、第一章第二十六節。

❻ 同上第二章第二十四節。

這種人性的社會性，其中包含了許多道理：本來，男與女的結合，可以是人爲的；無論是以前的父母之命、媒妁之言；或是當代的自由戀愛，都是在選擇對象上發揮了人爲的因素；亦卽是說，婚姻對象的選擇是人禮的、人爲的事象；雖然結婚本身是兩性結合，是天道；但是在具體的選擇上，這個男的與這個女的結婚，却不是天經地義的。婚姻自由的當代理念，多由這個角度出發去考察婚姻本質的問題。（很不幸的，離婚的法律基礎，也是祇站在這個立場作爲思考的場地，而忽略了其它的因素。）

男女結合後就成爲夫妻，夫妻生子女就成父母。夫妻本來就已成爲「家」；但在狹義的範圍來看，這種是「人性」的完滿，「家」的完滿意義，是由父母子女所構成；（在中國文化中，「家」的範圍擴充得很深遠，尤其在溯源上，更上承祖先，其敬祖祭祖的習俗，家中靈位的安置，都是在完滿「家」的內涵；孟子的「不孝有三，無後爲大」（孟子離婁上），孔子的「父母在，不遠遊」（論語里仁），都是以「孝」作爲齊家的最基本德目。「孝悌也者，其爲仁之本歟？」（論語學而）也就是這個道理。）父母子女的這種關係，作爲人性整體的考察時，也就自然要肯定身爲父母的夫妻，已經不再是人爲的結合，而進入了天道的領域。可不是嗎？子女是父母存在的延續；單就站在法律的正義立場看，任何一個子女，都有天生的權利，要求與父母同住，從父母雙方的身上獲得愛與被愛的情感，而使自身獲得身心的正常成長與發展。在這種情形之下，離婚的確是不人道、反天道的行徑。

人的個別性到社會性，首先就是透過自然律的男女結合的「家」，「家」的圓滿意義的上承祖先，下導子孫，而逐漸擴大到家族、民族、國家，乃至於全人類。因此，人際關係，無論是血緣的親子關係，或是契約的夫妻關係，都是超越了個別性，而進入到社會性之中。

「人」的完滿意義，在於它的社會性的發揮。

在中國儒家體系中，人性的「縱」的意義，由「天地人」三才的描繪展現出來，「人」是生存在天和地之間的，尙書更稱之爲「人爲萬物之靈」。但是，儒家最關心的，是「橫」的人際關係，是整個道德理念所繫。人際關係由孟子的人倫集大成：父子有親，君臣有義，夫婦有別，長幼有序，朋友有信。用當代的人際關係看來，上層有社會中的長官與屬下的關係（君臣有義），下層有平輩、同事的羣己關係（朋友有信），中間的三層，父子、夫婦、兄弟都是「家」的範疇；可以說，孟子的人際關係，由家庭開展，延伸到社會中。❼

三、結構是比較客觀性的，甚至是可檢證性的；因而，上面談及的「人」的個別性，以及社會性；或是，論及的男、女問題，都不會有什麼難題。但是，哲學的問題總是往深一層去想；譬如說，人是否眞的由靈魂和肉體構成？再如，人的呈現和落實，是否眞的祇能以男性或女性？而不能用別的，或是更好的模式？

---

❼ 參閱孟子滕文公上。

這些假設性的問題本身，意義不太重大，但是，問題所涉及的，是對於人的結構，縱的部份的靈肉，以及橫的部份的男女，如何在高層次的「意義」上，求得認同。

在人的個別性和社會性有衝突時，或者其問題尖銳化時，就不可能再用現象的呈現分析，或者用感官作用就足以瞭解眞象；而是要用「形而上」的指導原則。這也就是問及人的如此結構的意義問題。

就如落實到具體的實踐課題時，問及可以不可以離婚？可以不可以墮胎？可以不可以自殺？或者，在抽象的問題上，可以不可以恨人？究竟內心悅樂的源泉是什麼？如何陶冶自己的心性？

當然，人生有不少問題可以用法律來解決，甚至利用人情就可解決。但是，法律的基礎是什麼？人情的基礎又是什麼？

世界上許多事情需要由道德，甚至更高一層的宗教作動機，來解決。就如爲痲瘋病人服務，爲陌生人犧牲，或是，寬恕自己的仇人。哲學在這裏，還要問及這些行爲的終極問題；就如，爲什麼要做好事？什麼是「好」的標準？

上面的這些問題，都在導引我們，從結構的考察，走向意義的直觀。

貳、人的意義

在承認了人的結構，在縱的方面是靈肉二元的合一，在橫的方面是男女二性的合一之後，人的存在的意義也就有了基本的設定。那就是，在生存在天和地之間，是頂天立地的；因爲它一方面有富於永恒界的靈魂，另一方面又擁有感官世界的肉體；靈肉的結合，豈不意謂着頂天立地？靈肉二元的學說，表面上是以「分」的方式，以配合西洋二元思想的模式，但是，事實上是在以「人本」精神，使「人」兼有觀念界與感官界二者之本質；而且，也就由於這種「綜合」，而使二個不同的世界，在「人」之內獲得統一。這樣，「人」就成了天地之中心，成爲「萬物之靈」。

不過，這種「頂天立地」的角色，這種統合觀念界與感官界的使命，並不是「人生」的終極目的。「人生」的終極目的，無論是希臘的哲學，或是希伯來的信仰，都是要「解脫」或是「超脫」肉體的束縛，而使靈魂自由，回到觀念界。這樣，人生的意義，就其靈肉結合的今生今世來說，固然是「頂天立地」；但是，其「頂天立地」，仍然是過程；其目的，則是與「天」合一，成爲「天人合一」的理想，在這理想中，祇有「天」和「人」，而是沒有「地」，沒有感官世界的。柏拉圖的靈魂，必須輪廻回到觀念界；希伯來的信仰，靈魂則回到上帝處；這也就是「視心重於物」的「心物合一」。❽在高深的哲學領域內，總是以「人性」的提升爲核心課題，而且，其提升的第一步，亦必然是擺脫肉體的束縛，擺脫人性中屬於獸性的部份；再進一步就是與純精神體的合一，稱爲「天人合一」也好，稱爲「天地與我並生，萬物與我爲一」（莊子齊物論）也好，稱爲「涅槃」亦好，都是人性發展到「純」的地步，同時亦是人性進化的高一層次的存在。

在另一個面向中，就是人與人之間的橫的關係，亦卽是說：人生活在人際關係中，如何發展倫理道德的問題。首先就是最基本的男、女兩性的劃分。對這兩性的「分」的事實，以及後來「合」的文化或「禮」，也就開創出人際關係最基本的規範。「君子之道，造端乎夫婦」（中庸第十二章）也就說明了男、女之結合，的確是人際關係，以及人性超升的起點。而且，從男、女變成了夫、婦之後，也就開始「贊天地之化育」，以及「替天行道」，而能够傳宗接代。這種傳宗接代的事實，表現了「承先啓後」，以及「繼往開來」的精神。更進一步，這種傳宗接代的自然法則，彰顯了人類文化的道德法則，那就是「孝弟也者，其爲仁之本歟？」（論語學而）。人際關係從夫婦擴展到父母子女，發展着「君子」與「仁」的道德德目。從「家庭」逐漸遵循着存在的次序，走向「家族」、「種族」，乃至於契約關係或地緣關係的羣體，也就構成了人類社會。在社會中個人與個人的關係，個人與羣體的關係，依照情、理、法的分合，而形成了社會原

❽ 參閱先總統 蔣公「解決共產主義思想與方法的根本問題」，蔣總統集，第一九二八頁。

理；在各種具體的社會問題中，開展了指導原則與實踐方案，指導人類如何安身立命。

把上面人性縱的瞭解，以及人際關係中橫的理解，發展成再深一層的意義，就是：

一、宗教性的意義：在靈魂和肉體的合一結構中，預設了人生的意義在於擺脫肉體的束縛，而發揚靈魂的特性。在這種預設之背後，必須肯定的，或是至少要具有信心的，就是「靈魂不死」。這種「靈魂」永遠長存的性格，不但來自人類對死亡的知識和體驗，更重要的，是人類天生來對「永恆」的嚮往，以及對「存有本身」的依賴意識。雖然，當代有些心理學家，發現人性的意識有强烈的失落感和空無感，但是，却在另一面仍然有着對幸福的嚮往，以及對充實的寄望。

宗教性在人性的天生觀感中，其形而上的考察首先是對「時間」和「空間」束縛的不滿，繼之則是設法超越時空；而超越時空的方式是：突破空間的界域，走向無限；衝破時間的界限，走向永恆；而在無限和永恆中，來保證自身的眞實存在，以及不再有死亡、不再有朽壞的存在。

當然，在生命的流變中，人的理知又不能不認同「死亡」的事實，生、老、病、死，都是現象界的必然；如何突破現象，證實現象背後之本體；突破死亡的現象，指陳隨着死亡而來的，不是消滅，而是另有生命，這就是宗教的課題。「死亡不是生命的結束，而是另外一種生命的開始」，永遠是信徒們的希望。

人類在對「死亡」的觀感中，向來都接受其爲命運的安排，下焉者，有練丹、木乃伊的努力，希望能以觀念的永生來超度死亡的悲哀；上焉者，有立德、立功、立言的三不朽，來肯定精神不死的價值。但是，無論上策下策，都在哲學的探討中，說明了生命的意義，不完全在於今生今世的生命，而是在今生今世之外，設立了來生來世的永久性，甚至，回歸到前生前世的因緣，來解釋三度的生命意義。

人的生從何來、應作何事、死歸何處的三大問題，因而成了宗教哲學在對人生意義課題的根本探討。這探討的結論不但導出了最基本的靈魂不死，而且還賦予人自由意志，以及上帝存在的三大設定。康德的批判哲學，雖然對西洋傳統的哲學方法不滿意，但是，對宗教哲學的內容，卻是爲了支持其道德哲學，不敢有所忽怠。

在中國哲學的探討中，對宗教的辯證意義，並不像西洋的思辯形式，但就其歷史發展脈絡看來，先秦對來世的信念似乎不太清楚，而其三不朽亦並未超越今生今世的時間性；最清楚的一個例子，就是司馬遷在寫史記時的心態。在史記的史觀中，毫無疑問地把尙書中的「天道福善禍淫」，作爲道德的規範；也就因此，太史公冒了不實之諱，把孔子的傳記從「列傳」轉移到「世家」中。當然，太史公心目中，孔子是應該爲王的。可是，在伯夷叔齊列傳中，二位聖賢卻餓死首陽山，而盜拓則長命富貴。在這種史實中，司馬遷祇好感嘆出「天道是耶非耶？」當然，如果太史公曉得了佛學報應的道理，可以在來生來世實行的話，也就不必急於詢問天道是否正義了。

二、社會性的意義：宗教性要縱列人性的靈魂和肉體，而突現出宗教在衞護靈魂的不死；而社會性則在人際關係中，指出其平等、互助、博愛等特性；從男、女兩性的結構，而導引出兩性間的各種關係。當然，這兩性間的相互關係，引伸到家庭中各分子的關係，再引伸到各種親戚血緣，甚至落實到社會契約的羣體關係。

社會秩序的釐定，也就在於對個別的人的存在的價值、地位、尊嚴等特性的肯定；其中最根本的一項，就是「平等」的信念；而這信念所探討的，也正是由於人人天生來的不平等：經濟上的貧富、社會地位的高低、教育機會的不同。甚至，生理上、心理上的完美與缺陷，都造成不平等的現象。社會制度的確立，社會教育的實施，社會福利的推行，也就在以人爲的努力，補天生的不足。正如國父孫中山先生所倡導的：聰明才智大者，應該服千萬人之務，造千萬人之福；聰明才智小者，亦要服十百人之務，造十百人之福；就是沒有聰明才智的人，亦要管好自己的事，不要成爲社會的負擔。用仁愛、用互助、用服務的人生觀，來建設社會。

當然，在這種積極的爲善形態無法推行時，就代之以消極的避惡做法，那就是刑法的釐定，以賞善罰惡的法律條文，來克制社會中的罪惡。社會罪惡無他，就是利用弱肉强食的原則來生活，而無視於仁愛、互助、服務等德目是也。

理性的生活，也就是能在這種人際關係的形上基礎中，看清了男、女兩性的開展，到家庭成員間的關係，再進而擴大到家族、宗族、種族、國家，乃至於全人類相互間的關係，而如何使這些人際關係正常化，在「求生」之上還加上「求仁」的補充。

在倫理道德上，發展着「父子有親，君臣有義，夫婦有別，長幼有序，朋友有信」的人倫，亦卽在羣我關係中，肯定自己的權利與義務，實踐自己的權利與義務。

在宗教情操上，發揮着去愛那些本身並不值得愛的人，去同情那些本身不值得同情的人，亦卽是說，實踐着「博愛」，不但愛朋友，也愛仇人。「以宗教補政令之不足」，在這裡可以看得非常清楚。

三、個人的意義：在人際關係的探討中，無論其社會性，或是宗教性，都在指出：人不是孤獨的存在；它是羣體性的；不但是他個人生存在命運之中，而是所有的人都和他一樣，生存在時空裡。也就從這種羣體性，我們探討出社會中各種共同存在的德目，作爲人生的意義。但是，在更根本的意義下，尤其是在當代的社會哲學研究中，究竟個人是爲了羣體，或是羣體的組織爲了個人？或是二者根本上是相互爲體用？由於這些問題所引發出來的學派很多，其中最重要而且影響最大的，就是個人主義與集體主義。前者偏重於個人的權利，而忽略個人的義務，把義務統統歸到國家或羣體組織中；後者偏重於組織的權力，認定個人祇是羣體的一份子，不管個人應享的權利，祇強調個人對羣體的責任。

當然，無論是個人主義，或者是集體主義，都犯了同樣的錯誤，那就是把個人以及由個人組成的羣體，放在同一的平面上去衡量，而其衡量的尺度又祇在權利與義務上。實則，個人與羣體根本上不是在同一存在層面，個人之參與羣體，最基本的不是「契約」關係，不是在社會中的

「羣我關係」，而是由血緣的「家庭關係」開始。一個人在「家庭」生活中，絕不止於計較權利與義務的問題；「家」的組成是靠「愛」和「互助」，甚至「犧牲」；而且，這些「愛」「互助」「犧牲」都是無條件的，不言回報，不計後果的。由這種由「家」開始的羣體性，開展出「四海之內，皆兄弟也」的藍圖，也正是道德文化中，最能落實到羣我關係，而不會在計較權利與義務時，把人際關係降低到機械化的底層。

也就從「人」的這種社會性出發，「個人」在參與社會性的事實，一方面是其橫的結構，男、女性關係的自然傾向；另一方面則是在「天命之謂性」的理解和參與中，設法準備自己，使其成爲「順天應人」。這樣，「個人」的基本問題，也就是「修身」的課題。如何使自己成爲獨善其身的君子，以及成爲兼善天下的聖人。而在「大學」的漸進原則中，「皆以修身爲本」的優位，也就顯示出從修身到齊家、到治國、到平天下，由近及遠，由親及疏的階段性的進程。在這些進程中，當然並不忽略權利與義務的問題，但其關懷的核心，却超乎了法治的權利和義務，而是在「愛心」「服務心」方面，把「個人」陶冶成完美的君子和聖人。

但是，在具體生活中，上面的所有理想，都有可能成爲高調；在現實生活的煎熬中，一旦從付出的愛和犧牲，得不到任何回報時，甚至，從好心所獲得的竟然是惡意時，個人心靈的「自我疏離」，很容易迷失在功、名、利、祿的追求中，而淡忘了「天命」在本身存在所彰顯的生命意義。從天命經良知到修身的一貫之道，經過文明生活的荒謬和苦悶，各種的沒落情勢，都呈現在社會中。對功名利祿的追求仍然有傳統道德的提醒，而有所警惕。但是，一旦當代個人主義的興起，個人尊嚴和價值的強調，個人權利的肯定，於是，心靈生活的外馳，形成了被環境所支配的個人，這正是個人自我疏離的最大焦點。

如何從自我疏離回歸到自我認同，才是當代人類必需有的共識。這認同和共識，才是個人修身成爲君子和聖人的途徑。

四、把命運改變成使命：個人在社會生活中的自我疏離，以及所遭遇到的迷失、荒謬、苦悶，也許會剝奪個人的鬥志，而自尋短見，走向自殺之途；或是，走入迷信，用不正當的方法，逃避未來的災難；就如在體認到生老病死的命運時，設計出追尋長生不老藥的方法，或是用算命、畫符、看風水的方式，以期改變命運；而不是面對命運，以一種樂天知命的心胸，認同自己的所有極限；但在另一方面亦不放棄自己的理想。這樣，在接受命運，同時又有理想的綜合努力中，就呈現出「理想的我」的塑造，而不是不顧現實，或是違抗命運的單純理想的「我的理想」，作爲今後努力的目標。

這樣，使命感的養成，也正是符合命運，又富有理想的生命型態。

命運的理解，無論和上面說過的，獲知生來不平等的事實，而以使命感來使之平等，又無論是自身生老病死的體驗，以及自己能力的極限，像追求幸福，但是發現幸福竟不存在，這時所遭受的挫折感，也唯有眞的能把命運轉換成使命的人，才能超越自己，而使自己逐漸養成「打不倒的人」。

存在主義大師雅士培，在認清自己患的小兒痲痺症之後，不但不對命運低頭，亦不怨天尤人，而是馬上定志，長大後要做醫生，專門醫治小兒痲痺患者。這正是把命運轉換成使命的例子。奧秘的是，雅士培一旦定志要做醫生之後，自己就不再抱怨自身的病痛了，自我超越原就是自我認同的最好方法，也是避免自我疏離的最佳藥方。

五、也就在個人的超越上，發展出「一個人」在羣體中的作用和意義：人性自私的一面，原是天生的，它要求生存，自然就隸屬於弱肉強食的規則下；但是，人性的發展和進步，亦是天生的性格；因而，在「求生存」之上，還有「求仁」的天性，而達到「無求生以害仁，有殺身以成仁」的道德原則。

「求仁」的原義，也正是認同「人」的社會性、羣體性，以及它「承先啓後」「繼往開來」的性格。

「求仁」的最低標準，落實到「己所不欲，勿施於人」（論語顏淵）的消極作法，再進一層的積極作法是：「己欲立而立人，己欲達而達人」（論語雍也）。在這種積極的人際關係中，發展出如下的德目：

(1)正義感：承認自己和別人都是人，都出自同源，因而承認個人與個人平等，羣體與羣體平等。

⑵同情心：在現實生活中，人人並不平等，羣體相互之間亦不平等，而强者在這裏的使命是：濟弱扶傾。用孟子提出的惻隱之心，鼓勵行善。

⑶現實：隨時提高警覺，承認雖有向善之心，但仍有向惡的傾向；人性的軟弱面，原是天生的事實，如何努力避惡，乃是人性畢生不能疏忽的職責。

⑷目的：全人類的歷史，個人的意向，都不是盲目的，而是有指標的，都在繼往開來，承先啓後；因此，歷史哲學的探討在這裏，顯得非常重要。

六、從個人的修身，修成的君子，以及修成的聖人，都不是個人單獨的事，而是從個別的人到羣體，連貫著的問題：聖人的兼善天下，也就必然以自己的修身發揮了齊家的作用，進而參與著治國的事業，爲邁向太平世的道路前進。

因此，「個人」存在的意義，也就首先在「羣體」中定位，而以「頂天立地」的雄心，以及「承先啓後」「繼往開來」的心願，把社會轉換成完美的，如孔子的太平世，如柏拉圖的理想國，如佛教的眞如世界，如基督宗教的地上天國。

結語

從現象到本體，向來是哲學所採取的認知次序，這樣，從人的結構來看，無論是縱的靈魂和肉體的結合，或是其橫的男、女二性的結合，都在彰顯出人生的意義。這意義的確立，當然超乎了所有經驗主義的範疇，同時亦超乎了所有實證主義的系統；而是在經驗和實證之上，透過直觀的方法，配合人性良知的覺醒，透視出人生存在天和地之間，生活在人與人之間的意義。

在今天，以三民主義統一中國的呼聲中，三民主義的人生觀是必須首先建立的，作爲今後中國人的生活指標。在這裏，三民主義必然承認人性的原始結構：在縱的方面，一方面很落實地承認人的肉體，有生活必需的食衣住行，因而，最根本要處理的課題，就是民生問題；當然，因爲人不但有肉體，需要食衣住行等需要，而且亦有精神，而且是精神重於肉體的，心重於物的；於是，在求生之上就設計了求仁的層次，作爲做人的根本。

無論在 國父遺敎中，或是 先總統的遺著中，都在强調人性的發展，是要減少獸性，增多人性，甚至消滅獸性，產生神性的。[9]獸性是指人類肉體需要所產生的求生存的荒蠻，而神性則是精神生活的高峯。「無求生以害仁，有殺身以成仁」(論語衞靈公)，也就成了三民主義人生哲學承傳儒家思想的例子。

在人性另一結構上，卽是橫的男性和女性的課題，隨着時代的發展，漸漸地女性的社會地位，有不同面向的提升。傳統社會中，女性是要連結在母性的範疇內，才有其社會地位——當然

[9] 「國民應以人格救國」，國父全集，第二册，第五四四——五四五頁。

亦是非常崇高的地位。在當代三民主義符合世界潮流的看法之下，基本上的男女平等，結婚後的互相成爲伴侶，而不再是：妻子是丈夫的附庸等，當代觀念，都有突破性的發展；當然，齊家的理念，孝道的提倡，親子關係的再反省、再檢討，都是當代社會問題所關懷的。男女婚後在家庭中的角色，在社會中人際關係，亦都有法律在保障着，以及專家學者在不斷研究中。

三民主義對家庭的重視，恰好與共產政權之破壞家庭成爲强烈的對比；三民主義對神性仁愛互助的嚮往也恰好與共產主義的鼓動獸性的仇恨和鬥爭，成爲對立。

祇要人性覺醒，共產主義必然消滅，而三民主義則統一中國。

先秦儒家的文化哲學

緒論

一、西洋思想發展到工業革命之後，物質文明大有取代精神文化的趨勢；科技方面的發展，一日千里。但是，相對地，人類精神生活，却停滯不前，甚至有消退的跡象。於是，一般有志之士，覺得人類的前途可憂；於是，站在人文學科的立場，提出文化的課題，作爲改正時下唯物的歪風。另一方面，給人類指出未來發展的方向。這也就是文化哲學課題的興起。

文化哲學從兩個面向來發展，先是十九世紀的歷史哲學，以黑格爾(G. W. F. Hegel, 1770–1831)爲首，在宇宙與人生的發展進步中，指出樂觀進取的終極目標——絕對精神的美善社會。

這種歷史的探討，着重於人生歷程的信念，以及由此歷程發展出來的未來構想。接着來的是二十世紀的社會哲學，是由歷史哲學的探討成果，催生出來對社會的各種描繪；其中社會原理部份，大多銜接着歷史哲學的尾聲，提出人類社會發展的原理原則；而其社會問題部份，則非常落實地，以社會原理作爲基準，去批判、分析、改正社會間發生的問題。❶

二、在中國，自身文化的問題，都在非常和諧的氣氛中，有其道統的承傳，不但在先秦期，能够讓諸子百家的學說，共同成長與發展，就是到了漢以後，雖表面上罷黜百家，獨尊儒術，可是事實上却是融滙了百家，甚至開始融通外來的佛學。中國學者對文化問題開始有激烈的反應，是近百年來的事。先是崇儒排佛的愛國主義，後是對西洋文化衝擊的西化問題；而在西化問題中，儒家文化的存廢問題，也曾是核心的探討課題。

今天，崇儒排佛的問題已成過去，咸認爲儒與佛是可以並存的，而其禪宗部份，更可認爲是儒佛二種文化的合璧。但是，西化問題雖然在一直進行之中，無論教育、社會治安、青少年等等問題的呈現，都迫使知識份子，不能不回過頭來，重新檢討！在西化之中，是否步履走得太快？是否在科技的西化中，夾帶了太多的人文氣息？今天的許多社會問題，尤其是人際關係的流弊，是否因爲忽視了儒家的思想？

---

❶ 參閱 Alois Dempf, *Kultur-philosophie*, philosophische Fakultät, München HSV 198/1, S. 3.

三、歷史指出了人類生活縱的發展，而社會則是人類生活橫的描述。而這種縱的和橫的座標，恰好組合成人類生活的內涵。一個人生存在天和地之間，生活在人與人之間，如何做人成了最基本的問題；從這問題再開展，也就是問及如何頂天立地，如何承先啓後的文化問題。

文化，在低的層次上看，是生活必需的各種解決方案，是「求生存」所有的必需表現，它關心科技的發展，它講求弱肉強食的競爭；但是，在高度的文化設計中，它不再是「求生存」的問題，而是在求生存之上，建立「求仁」的價值。它會結論出「無求生以害仁，有殺身以成仁」（衞靈公）的豪邁性格。

四、先秦儒家開創了中國文化，指出了人生存在天和地之間，生活在人與人之間，如何安身立命的大課題；它同時指出了人的頂天立地，繼往開來的責任；在形式上，雖然沒有指名文化哲學的探討，但是，在實質內容上，却是以縱的歷史發展，以及橫的社會結構，探討了文化的根本課題。

易經賁卦的彖辭說：「見龍在田，天下文明」，又說：「剛柔交錯，天文也；文明以止，人文也。觀乎天文，以察時變；觀乎人文，以化成天下。」這是「人文化成」來解釋文化的最早經典，它的意義恰好就是上面提及的「求生存」之上的「求仁」思想。後來，注解易經的著作極多，其中孔穎達的「易正義」作了這樣的解釋：「觀乎人文化成天下，言聖人觀察人文，則詩、書、禮、樂之謂，當敎化天下，天下成其禮俗」。彭申甫在「易經傳義解注辨正」中有補充說明：「大而言之，則國家之禮樂制度；小而言之，則一身之車服，一家之宮室。」這也正是解釋了文化內涵中的精神文化以及物質文明。

壹、歷史的信心

易經的「人文化成」，所敎導的天下，是「成其禮俗」，而禮記一書也正是報導這種文化的成果。禮記中的禮運篇和大學篇，分擔了歷史哲學縱的發展部份；禮運篇更以對社會理想的描寫，一方面指出了理想社會的結構，他方面則道出了歷史終極發展的信心：

「大道之行也，天下為公。選賢與能，講信修睦。故人不獨親其親，不獨子其子；使老有所終，壯有所用，幼有所長，矜寡孤獨廢疾者皆有所養；男有分，女有歸；貨惡其棄於地也，不必藏諸己；力惡其不出於身也，不必為己。是故謀閉而不興，盜竊亂賊而不作，故外戶而不閉，是謂大同。」

這種歷史終極的發展的「大同」世界，當然不是一蹴就成的，它有「大學篇」的實踐方案，那就是：

「古之欲明明德於天下者，先治其國；欲治其國者，先齊其家；欲齊其家者，先修其身；欲修其身者，先正其心；欲正其心者，先誠其意，欲誠其意者，先致其知；致知在格物，格物而后知至。知至而后意誠，意誠而后心正，心正而后身修，身修而后家齊，家齊而后國治，國治而后天下平。自天子以至於庶人，壹是皆以修身為本。」

這裏的格物、致知、誠意、正心、修身、齊家、治國、平天下，原就是漸進原則，一步步邁向太平世的境界。

單就在禮記的觀點看來，歷史哲學所開展的；太平世的社會是歷史的終極目標，是世界主義的藍圖。當然，這世界主義不是憑空構想的，更不是不顧國家民族，或家庭個人的；它在漸進原則中，是一層層地先由健全的個人開始，進而完美的家庭，再進而健全的國家，最後才到世界大同的。

禮記大學篇中所列擧的「修、齊、治、平」的漸進原則，禮運篇中亦有「亂國」「小康」「大同」的漸進階段；這三段式的進階，描繪得最清楚的是春秋公羊傳，也就是三世之說：據亂世、昇平世、太平世。這三世亦是漸進的；都是經歷到當時的亂世，而提出化解之道；在歷史的信心中，設法消除亂世，到達昇平世，進而達到太平世的境界。

「太平世」「大同」「天下平」都是同義異字的，亦都是歷史終極目標的理想描繪。

一、亂世的體認：孟子滕文公有載：「世衰道微，邪說暴行有作；臣弒其君者有之，子弒其父者有之，孔子懼，作春秋。」亂世的描寫，是人際關係的敗壞，於是，孔子所提出的化解之道是「正名」，是指出父父，子子，君君，臣臣，每人各居其位，各司其職；而不是利用不正當的手段，爭權奪利。「正名」的規範是「復古」，以爲傳統的文化是當今生活的典範。

在孔子時代，中國傳統的文化是什麼呢？那就是禹湯文武周公所制定的法則。

中國古代文化起源的理解，從西洋霸道文化入侵之後，發現出不少的分歧思想，而淹蓋了中華文化原有的光輝。就如傳統歷史記載的伏羲、燧人、有巢、神農等氏，在當代史學發展中，竟有人以「不可考」或「難以得知」爲學術藉口，而判定其爲「史前史」，或是「半信史」，甚至，有人乾脆稱之爲「神話」。

殊不知在歷史起源的記載中，很合理的解說是：初民智慧未開，樹上有菓子摘來吃了；樹上沒有菓子時，祇好挨餓；原野間有禽獸時，獵來吃了；原野間禽獸藏匿時，就挨餓。後來，有聰明才智高的人出現，以爲這種靠天吃飯的方式不好，不足以使人生存下去；於是提倡：樹上的菓子摘下來時，不要全部吃光，而留一部份自己來種，界定其開花結菓的時間，然後把它們收成儲蓄起來，以備不時之需；同樣，田野間的禽獸，並不一定射殺而後吃牠們的肉，而是設法捉回來飼養，叫牠們生蛋、生子，然後再吃蛋和吃小禽獸。這不就是初期農業社會的描寫嗎？其領導人不就可用神農的名字，作爲後人永久的懷念嗎？其它燧人氏發明熟食，伏羲氏發明曆法，有巢氏發明居室，亦都是文化開創期的歷史寫法，絕非神話或半信史。

而且，在這些從荒蠻到農業文明的描繪中，的確舉證了中國「以農立國」的事實。在另一方面，亦顯示了在中國先民中，聰明才智高的人，總是出來服務；其服務的人生觀，配合了禮讓文化的模式，就開創了自三代以來的禪讓政治：堯讓舜，舜讓禹的史實，其爲民領袖的條件祇是「賢」和「能」。這也正是後來孔子在禮記禮運篇中所描寫的「選賢與能」。

在孔子心目中，這種傳統的服務的、禮讓的文化，才是主流；但是，在其所處的春秋時代，却形成了相反的局面，是强凌弱，大吃小的政治；於是，無論其週遊列國，或是後來回魯國教書，都以傳統文化爲基準，來化解當時的亂世。

亂世的化解，在早期儒家的思想中，是有體系可循的。那就是中庸的三級理解：

「天命之謂性，率性之謂道，修道之謂教。」

這是從上而下的存在等級，從天命來理解人性。同時，亦是從下到上的修成道途，從教育來修道，來完成人性。也就因此，在先秦儒家的哲學探討中，「人性」是非常重要的主題，「教育」是最重要的方法。從孔子經孟子到荀子，無不專心於教育事業；而且，無一不設法理解人性的本質，用以決定教育的方針。孔子的「性相近也，習相遠也」（論語陽貨），指出在可善可惡的人性中，如何以改造環境，以正心誠意修身爲始點，來修成人格；正因爲人的可塑性，孔子才「知其不可爲而爲之」，一直宣示德治、王道的思想。孟子提出四端來指陳人的「性善」，可以說是愛的教育，但其本身亦在選擇環境，使惡的事件不致傳染，孟母三遷就是最好的例證。荀子提出了「性惡」，也正是爲他的「化性起僞」的教育事業，打好基礎。

二、化解的方案：禮記大學篇的「皆以修身爲本」，指出了化解亂世，以及大學之道的最根

本起步。這個人的修身所展現的，一方面是獨善其身的君子，另一方面是兼善天下的聖人。要成爲君子，是靠修身；要成爲聖人則在人際關係中，做到王者的行爲；這王者的行爲是落實到政治社會中的，也就是「聖人之治」。如果把修身看成是內聖之道，則聖人之治所發展的體系，是外王之道。

內聖的境界可以用孟子盡心篇的描寫來理解，那是：「盡其心者，知其性也；知其性，則知天矣。存其心，養其性，所以事天也。」上面述及了中庸的天命↓性↓道↓敎的順序，孟子在這裏，發展了向上之道的心↓性↓天，而從知天到事天，原就是個人邁向「天人合一」境界的途徑。中庸的「唯天下至誠，爲能盡其性；能盡其性，則能盡人之性；能盡人之性，則能盡物之性；能盡物之性，則可以贊天地之化育；可以贊天地之化育，則可以與天地參矣。」（第二十二章）「天人合一」「與天地參」都在展示人性超越的境界。

在另一方面，在人際關係中，超脫了獸性，而有了人倫，那就是「父子有親，君臣有義，夫婦有別，長幼有序，朋友有信。」（孟子滕文公上），這種人際關係的正常化，不也正是「臣弑其君者有之，子弑其父者有之」的改善？

孟子人倫中包含的德目：親、義、別、序、信，原是構成家庭、國家、社會的基本因素（父子、兄弟、夫婦是家庭的結構，君臣關係道出了長上和屬下的組織，朋友有信則是羣我關係的理解）。這五倫是以「人」爲單位的面向來探討的；在另一方面的「事」的面向來看，則是「道之以政，齊之以刑，民免而無恥；道之以德，齊之以禮，有恥且格。」（論語爲政）。這是以德化人的王道政治。這王道政治或是德治主義，其基本的心態仍然是「仁者愛人」（論語顏淵），以及「己欲立而立人，己欲達而達人」（論語雍也）的胸懷，所做到的成果則是：「老有所終，壯有所用，幼有所長，矜寡孤獨廢疾者皆有所養」（禮記禮運）。

這是理想的人際關係社會，是要人突破自我的藩籬，走向羣體的意識。而把小我變成大我，「四海之內，皆兄弟也」（論語顏淵）。這是以天下爲一家的意識，正如當代西方哲人湯恩比（Arnold J. Toynbee, 1889-1975）所强調的，人類的未來，是要全人類好像一家人一樣地生活。❷

昇平世的開創，是每個人都能够成爲仁者，是「正心、誠意、修身」的，是獨善其身的；但是，這獨善其身的個人，絕不妨碍羣體生活，而是要透過齊家，直到兼善天下。齊家的原理則奠基在「孝悌」，所謂「孝弟也者，其爲仁之本與」（論語學而）。一個在家孝弟的人，也就能成爲守法的公民，正是「其爲人也孝弟，而好犯上者鮮矣；不好犯上而好作亂者，未之有也」（論語學而）。

這樣，有了修身的個人，孝弟的家庭，大治的國家，才會構成太平的世界。

---

❷ 參閱 A. Toynbee, *A Study of History*, Oxford Univ. Press, London/New York/Toronto, Sixth Impression, 1955, Vol. IX, p. 560.

三、太平世的憧憬：上面大同世界的描寫，在禮記禮運篇中，有了最具體的敘述，是人類社會突破個人、突破家庭、突破國家界、突破民族界，而走向全世界、全人類的歷史終極信念，這信念所帶來的，不但是德治主義和王道政治的努力，而且亦在哲學形而上的努力中，設法突破時間，走向永恒，衝破空間，走向無限；而使人性在永恆和無限中，變成超人，變成聖人，變成至人。列子書中的華胥國，或是列姑射山，甚至後來陶淵明的桃花源記，亦都是這種理想的描寫。當然，這些超越界的理念，縱使帶有強烈的此世因素，那也祇在證明儒家的入世作風，也正如道家沒落成道敎之後，所產生的鍊丹、畫符、算命、看風水等等，在哲學的意義上，都是說明人性擁有超越的特性，要突破時空的束縛，而進入永恆和無限的境界中。雖然，畫符、鍊丹誤解了修身的原始意義，忘却了立德、立功、立言的三不朽，但是，佛敎東來之後，却以輪廻報應的宗教動機，補足了修身的迷失，同時亦解答了儒家從書經到司馬遷史記入世思想所提出的難題。❸

從今生今世，到來生來世，從時空到永恆，雖然不是先秦儒家的哲學課題。但是，儒家孝道所表現的，却隱含了足够的義理：在生生不息的宇宙原理中，爲人子女的，也得與天地參，而在

❸ 司馬遷寫史記，其歷史觀是承傳書經「賞善罰惡」的原則的。因此，孔子雖非諸侯，司馬遷仍將其列入世家，而非安排在列傳中。但是，當其寫到伯夷叔齊時，總無法僞造成他們長命富貴，祇好直記餓死首陽山。不過，在傳後却加上了一句「天道是耶非耶」的感嘆。如果司馬遷曉得報應不一定在今生，而可能在來世的話（佛敎傳來了這種訊息），也就不會嘆息了。

孝悌上有所謂「不孝有三，無後爲大」（孟子離婁上）：這是延續祖先生命於無窮的寄望。再進一步，孝的直接解說是：「生，事之以禮；死，葬之以禮，祭之以禮」（論語爲政）。祭祖的原理，除非相信祖先死亡之後仍然「精神地」存在，否則就不足以解釋其存在的價值。人子之孝，是從父母的生，一直到父母的死；甚至死後，仍然有祖先崇拜的禮。

以這種超時空的精神，發揮到「老吾老以及人之老，幼吾幼以及人之幼」（孟子梁惠王上），也正是太平世的藍圖。

風調雨順的自然景象，國泰民安的人文世界，也正是先秦儒家社會的描寫，而且，是歷史發展的方向。

貳、社會的描寫

禮記禮運篇的社會描寫，當作是文化哲學中歷史發展的終極，是從據亂世到昇平世，再到太平世的。這「太平世」的目標，於是成了社會原則中的指導原則。這指導原則所展示的，是歷史發展唯一指向的目標；在歷史的應然發展中，其目的祇有一個，而且祇是「太平世」。

歷史發展不但指出了最終目標，而且提出了抵達此目標的進程，那就是禮記大學中的修身、齊家、治國、平天下的實踐方案。這方案是漸進的，無法跳躍越級的。

原理上。

綜合上面的指導原則與實踐方案，就成了社會原理。先秦儒家的社會哲學，就奠基在這社會原理上。

可是，剛才提及的，太平世的目標祇是歷史的應然，並不是歷史的必然。人類憑其天賦的自由意志，不但可以向善，去爲人類爲世界謀求幸福；同樣，亦可以作惡，去破壞社會的安寧，去擾亂人類的福祉。於是，人類通往太平世的道途中，總會遇到許許多多的困難，這也就成了社會問題。

而社會問題的解答，永遠是要有所依據，那就是必須先認同社會原理，其指導原則以及其實踐方案；用原理來化解問題，才是人文科學應走的路，而不像自然科學，必須用實驗來修改原理的方法。❹

禮運篇的社會描寫是理想型的，是道德哲學性格的應然，是「人」在社會中人際關係的最高理想。可以用「天下爲公」「世界大同」二句格言來濃縮。

但是，這兩句過於濃縮的格言，需要作許多注解，其內涵才能彰顯出來。首先就是王者之治

❹ 最顯著的例子是：當鴨嘴獸尚未發現前，歐洲生物學有條定律：凡是哺乳動物都是胎生動物。但是，科學家在澳洲發現了卵生又哺乳的鴨嘴獸；於是以事實修改了原理。在人文科學中，亦有「母愛子」的原則，但是，在千萬個例案中，總有媽媽不愛兒子的事例。但是「母愛子」的原則却不因事例而改變，而是反過來，去輔導那位不愛兒子的媽媽，使其愛護子女。

中政府的責任：

「選賢與能」：賢與能是爲政者必須且充足的條件。這條件本身雖屬理想，但是，在孔子心目中，却有着傳統人物作模範的，那就是堯、舜、禹、湯、文、武、周公。他們的憂患意識，服務的人生觀，禪讓的政治，在在都說明了心靈的豐饒——「賢」，以及頭腦的聰明和做事的能力——「能」。

「講信修睦」：是人際關係的根本，無論是朋友有信，或是敦親睦鄰，都涵蓋了人際間交往（信），以及人際間共處（睦）的道德規範。

「男有分，女有歸」：是在人性結構的社會層面的深度理解，人性不但有縱的靈魂肉體的合一，而且亦有橫的兩性的分別，這被「分」割了的人性，應該由「合」來替天行道，傳宗接代，繼往開來。人類兩性的奧秘全在成「家」的行爲中表現，而「齊家」也正是由個人邁向兼善天下的第一步。夫婦相互間的合作互助、分工，都在人性論的形上基礎中，獲得社會制度的理解。

把社會的根本結構：賢能的政府，信睦的國民，合作的家庭，之後，就是注意到民生問題，解決食、衣、住、行的課題：「貨惡其棄於地也，不必藏於己」，以及「力惡其不出於身也，不必爲己」的提案，這顯然的是突破「私」，走向「公」的過程；是有錢出錢，有力出力來建設社會的理解。

「人不獨親其親，不獨子其子」不也是把「私」推向「公」，形成「四海之內，皆兄弟也」的世界主義？而在這種設計中，自然就「老有所終，壯有所用，幼有所長，矜寡孤獨廢疾者，皆有所養」了，是社會福利完美的一幅藍圖。

公德心既然在人際關係中落實，那也正是「謀閉而不興，盜竊亂賊而不作，外戶而不閉」的景象，是路不拾遺，夜不閉戶的。

一、社會原理：在上面禮運篇的解說中，其哲學基礎很明顯地是在人本精神中，強調「人人平等」。而其實踐的諸多描寫，亦都不外乎設定：人生來不平等，政治社會的責任，因此也就是要把天生不平等的，用人爲的方法使之平等；這也就必然導引出王道、德治、仁政的政治體制，而反對覇道、暴君、專制的思想。民本精神從「德惟善政，政在養民」（書經大禹謨）開始，經「正德、利用、厚生」（書經大禹謨），再到「民爲貴，社稷次之，君爲輕」（孟子盡心下），都在說明國家社會中，以民爲本的精神，這精神導引出賢能的政府的服務人生觀。

從「人人平等」的原則再進一步的導引，就是人際關係：父子有親，君臣有義，夫婦有別，長幼有序，朋友有信。上面已解釋了這人倫的意義，涵蓋了人生各層面的關係，同時指出了其對應的德行。

人際關係的關懷以及所提出的解決方案，在世界各派系哲學的內涵中，中國儒家算是貢獻最多最大的，而儒家的人際關係探討，又以先秦儒家奠定了原理原則。

但是，無論是王道、德治、仁政，或者是人倫，其最根本的起點還是「個人」的修成，因此才有「自天子以至於庶人，壹是皆以修身爲本」（禮記大學）的原則。社會原理雖然在目標上是太平世，但其起點仍然是個人的修身。因此，社會原理的理解，固然在基本上是禮記禮運篇的「天下爲公」「世界大同」的「太平世」，這是指導原則，但在實踐上，却是漸進方案的修身、齊家、治國、平天下，禮記大學篇的順序。

個人修身的問題，對先秦儒家的解說很多，有的人在論語中以訓詁的方式，認爲「仁」概念出現的次數較多，因此就是孔子的中心思想。其實，在論語中，人性發展成的最高概念，並不是「仁」，而是「聖人」。

「子曰：若聖與仁，則吾豈敢？抑爲之不厭，誨人不倦，則可謂云爾已矣！」（論語述而）

這是孔子自謙的話，在論語的單向對話的寫作特性中，孔子回答了，就算定案，沒有再討論下去的餘地。到了孟子七篇，文章的寫法已由單向對話，發展到雙向對話：

「昔者子貢問於孔子曰：夫子聖矣乎？孔子曰：聖，則吾不能。我學不厭，而教不倦也。子貢曰：學不厭，智也；教不倦，仁也。仁且智，夫子旣聖矣！」（孟子公孫丑上）。

在孟子書中，不但如論語般把堯舜當作是「聖人」，而且亦把孔子位列「聖人」之中。孟子引用子貢的話，來辯證出孔子是聖人，而所用的構成聖人的元素，則是學不厭的智，與敎不倦的

仁；智在這裏是獨善其身的君子，而仁則是兼善天下的，二者相加就是「聖人」了。❺

爲學的精神則是，一方面承認自己知識的極限：「我非生而知之者，好古，敏以求之者也。」（論語述而）另一方面則是虛心求敎於別人，因而有「三人行，必有我師焉。」（論語述而）孔子自己在自傳中述及「吾十有五而志于學。」（論語爲政）。

敎不倦的精神，是孔子周遊列國，沒有得到諸侯的賞識，而回到魯國敎書，發揮了「知其不可爲而爲之」（論語憲問）的信念。史記所載的六藝的敎學內容：禮、樂、射、御、書、數，顯然的是改變荒蠻人的氣質，使成爲文化人的敎育。

當然，從論語到孟子的思想，中間有中庸的思想架構，而其架構不但道出了「天命之謂性，率性之謂道，修道之謂敎」（第一章），而且亦指出了人心的「至誠」可以與天地參（第二十二章）。這樣，就到了孟子性善說之外，把心靈的生命刻劃出來，那就是「盡心、知性，而知天」，以及「存心，養性，而事天」（孟子盡心）。這樣，天、性、心在人的修成過程中，就成了縱的形上架構，這架構的最大信念，還是：「舜，人也；我，亦人也」（孟子離婁），「聖人與我同類」（孟子告子上），「人皆可以爲堯舜」（孟子告子下）。

當然，孟子的性善說，的確振奮人心，使人有超越的信心，可以達到「天人合一」之境。可

❺ 參閱鄔昆如著「孔孟提升人性的概念——君子和聖人」，收集在「文化哲學講錄」(二)，東大圖書公司，民七十一年十一月版，第五〇頁。

是，荀子的性惡說，也在現實生活中，給人指出了人性的弱點，叫人不時警惕，而且更積極地以教育來「化性起僞」，用人爲的修行來改掉人性向惡的毛病。

個人的成聖才是社會走向太平世的保證，而太平世才是社會原理的終極目標。

二、社會問題：孟子提出的「世衰道微，邪說暴行有作；臣弒其君者有之，子弒其父者有之」（孟子滕文公）。孔子在論語中亦說：「道之不行，已知之矣」（微子），「天下之無道也久矣」（八佾），「上失其道，民散久矣」（子張），都是亂世的寫照，這是社會在大的問題上的問題。在亂世中所呈現的，不但是兵荒馬亂，民不聊生，國與國之間的爭戰；而更根本的是人心的敗壞，對功名利祿的貪欲（祇要讀老子道德經中的各種否定詞，就足以瞭解春秋時代的混亂之源，是在人心的墮落）。社會問題的出現，也就是在人生道途中，走離了通往太平世的通路，走離了成聖成賢之道。老子提出的化解之道是針對一個人生存在天和地之間，如何除去貪心，而變成一個清靜無爲的生活；孔子提出的方法則是「正名」，指出一個人生活在人與人之間，如何做人的道理，如何盡好自己的本份。

羣己關係的沒落，原是先秦儒家所看透的社會問題的內涵。而這羣己關係之所以沒落，又是個人修身的迷失。於是，大學之道所推薦的方法：從修身開始，經齊家、治國，最後才到平天下。

在先秦儒家的心目中，並不是個人直接構成羣體；個人雖是羣體的一份子，但却不直接屬於國家社會。個人，在先秦儒家來說，不是直接稱爲世界公民，或國民，而却第一步要成爲家庭的一份子，然後由家構成國，由國構成天下。這是研究中國社會非常重要的一點。

這也是爲什麼在討論人際關係的課題中，孟子人倫的內涵，其中三倫是家庭中的德目：父子有親，夫婦有別，長幼有序。而從三倫的細目來談另外社會關係縱的君臣有義，以及橫的關係朋友有信。

父父子子，君君臣臣，來取代父不父，子不子，君不君，臣不臣的人際關係。（論語顏淵）

先秦儒家所關懷的社會問題，在高處看，是亂世，是沒有依序走向太平世的道路；在低處看，則是由戰亂所導致的兵荒馬亂，民不聊生。哲學家所富有的憂患意識，也就是覺到離理想的風調雨順，國泰民安的社會，越來越遠，老百姓的生存問題受到了威脅；在政治上違反了「正德，利用，厚生」的原理，也違背了「德惟善政，政在養民」的方案。

這些社會問題都是顯象，躲藏在這些現象背後的，也就是在動搖社會正常發展的根本的原因，却是違反了人際關係的正常化。

三、解決方案：社會問題的解決方案，在根本上是依照社會原理的指導原則，以及實踐方案。但是，指導原則的太平世是未來式，是理想，是尚未存在的境界；而實踐方案的修、齊、治、平亦祇是原則性的提示，況且，並沒有提出具體的方式，更沒有指出動機，尤其在形而上的動機。

儒家提出的「頂天立地」，以及「繼往開來」和「承先啓後」的人性理解，原就是推行實踐方案的動機。可是在這動機背後對人性的理解，才是形上基礎，亦才是文化哲學的最根本基礎。

「頂天立地」的特性，是理解了人的靈肉二元的合一，它有屬於天的元素，亦有屬於地的元素。人的頂天立地，就是因爲天地人三才中，人居其中，與西洋柏拉圖或希伯來宗教對人性的瞭解非常相似，「人」是統合上下二元的，在「人」一身中，精神和物質，靈和肉是合一的。

這是人性縱的層面的結構。

在橫的結構上，人是由兩性所構成：具體的人是個別的，有性別的，或男或女；男性或女性。單獨的，孤立的存在，都不足以構成完美的「人」。完美的「人」是兩性的結合；而這結合的行爲就是替天行道，也就能傳宗接代，而把人類延續下去，這就是「繼往開來」以及「承先啓後」的工作。兩性結合成夫婦，成爲家，夫婦生子而綿延祖先的生命；「家」的文化體系，原就是先秦儒家非常大的特色。

對「人」的認識，首先從其結構的視察，獲得了上述的靈肉結合，獲得了男女兩性結合，傳宗接代的事實，然後，再在這結構之上，去找尋人生的意義；這樣，人的精神和肉體的合一的課題，必然導引出「求生存」之上，仍然有更高層次的「求仁」問題。同樣，有了人的男、女兩性的結構，才開展出人際關係的互助合作，服務仁愛的人生觀。

政治上的王道、德治、仁政，社會上的服務犧牲，歷史展望的太平世，其最終的根本是「民本」，是人本精神；而這「人本」的理解，也就是先探討其結構，再從結構來追尋其意義。「人」

的結構和意義的研究，才是文化哲學的舖路工作。

結論

國父孫中山先生在其「大亞洲主義」中，提出了中國文化是王道文化，而西方文化是霸道文化；其原因當然是在近百年來，西洋白種人的殖民思想，一直在統制着西方人士；而中國的王道思想則來自最古老的傳統。但是，更重要的，西方從文藝復興之後，就在政治、社會文化上，走向了民族國家的政體，到今天仍然無法突破國家主義的狹窄意識，因而沒有很積極地去找尋理想國，去締造太平世。而中國不但有指導原則，同時亦有實踐方案；並且，還能在最濃縮的人性理解中，把人的個別性以及羣體性，都作一個合理的統一和理解；因此，先秦儒家的文化體系，的確是能够發展「天下爲公，世界大同」的太平世的；而這太平世當然就不單爲中國人，而是爲全世界、全人類。西洋文化如果亦要分受這種智慧，也唯有基督宗敎的「爾旨得成，在地若天」的地上天國；這地上天國亦是突破國家界、民族界的。當然，這世界主義的藍圖應當是禮記禮運篇式的，而且是透過大學篇的修身、齊家、治國、平天下的，絕不是用馬列主義的仇恨、鬥爭來達到的共產世界。

先秦法家的社會哲學

緒論

「法家」一詞，最早出現在司馬遷史記的太史公自序之中，稱法家爲六家之一。❶至於法家所涵蓋的學者以及著作，則到後來班固的漢書藝文志內才有較清晰的述及，如李子名悝，商君名鞅，申子名不害，慎子名到，韓子名非等，❷本文所稱的法家，原則上是以先秦的各位思想家，

❶ 史記，司馬遷撰，太史公自序；新校本史記三家注並附編二種，楊家駱主編，鼎文書局印行，民國六十九年三月三版，第四冊，第三二九一頁。

❷ 漢書，班固撰，卷三十，藝文志第十，顏師古注，鼎文書局印行，民國六十六年十二月再版，第二冊，第一七三五頁，提出法家各代表之名。又原書卷二十，古今人表第八，第一冊，第九〇七頁提及管仲，第九四三頁有商鞅、申子，第九四七頁有申子及慎子，第九五一頁有韓非、李斯等。

在漢書藝文志內所列舉的爲中堅，雜以各法家著作內所提到的思想家，作爲背景，來闡論其社會哲學的思想內涵。論文的標題雖界定爲「先秦」，其實質的意義乃是這些法家的思想，在中國政治演變中，早在春秋以及戰國時代，甚至更早，就有了「法治」的信念和實踐。❸而這些法治思想的內涵，可以在學術的研究上，劃分爲許多不同的階段，作爲思想形成的進程；同時，亦可以在內容上，分別成重點不同的類型，作爲思想內涵的分類。但是，在中國古代諸子百家的思想源流中，法家有一個很根本的特性，那就是戰國時代所發展成的法家體系，本身並沒有集大成的跡象，而是到了戰國末期，甚至秦統一六國之後，才由韓非子出來，統一了法家中的各種思想，而成爲集大成的思想家。因此，論文題目雖爲「先秦」，而實質上是在韓非的集大成中，來看先秦的法家。

再來一點就是：韓非雖然把法家思想領導至高峯，而且做了足夠的集大成工作；但是，法家的峯顛始自韓非，而法家的沒落，也從韓非開始。因爲中國法家的思想體系，其本身就不是屬於默觀型的，甚至沒有形而上的理論作爲依據的；法家思想唯一關心的，是政治社會實質上的强盛問題，是如何在法制體系的實踐上，做到富國强兵的課題。韓非把法家理論化，設法賦予法治的哲學基礎，這工作的本身就含有冒險性：一是牴觸了法家以實踐爲首的原則，二是在理論的發揮

❸ 如左傳昭公六年（紀元前五三六年），就有鄭子產鑄刑鼎，又尚書康誥：「凡民自得罪，寇攘姦宄，殺越人于貨，暋不畏死，罔弗憝。」堯典：「皐陶，蠻夷姦宄，汝作士，五刑有服，五服三就。」等。

上，必需回到人性論的根本課題中；而人性論的課題，韓非本來就直接取自其師荀子的理論，其自己本人並沒有在這方面有什麼突破；不幸的是，荀子的性惡論在後來並沒有成爲儒家的主流，在漢以後的政治哲學中，法家的思想於是無法抬頭，是可以預見的。

還有一點也必需在這裏交待清楚，那就是：若把法家的性格奠定在實踐意義上，則荀子的另一位弟子，同時亦是韓非的同學的李斯，其助秦始皇行霸業的實踐，就眞是法家思想的落實。很不幸的，秦始皇的暴政並沒有多久就被推翻；而秦朝的政權崩毀，同時亦宣告了法家思想的終結。其後的董仲舒罷黜百家，獨尊儒術，在思想史的意義上，也就沒有構成法家衰微的原因了。

※　※　※　※　※

也就站在韓非集法家之大成上看，先秦時期所展示的思想體系如下：商鞅是「法」的代表，而申不害則發揮了「術」的意義，愼到在「勢」的課題上發揮得最爲深刻；於是：法、術、勢的課題，也就成了法家在內涵上所重視的，而且，這三者的思想，韓非作了統一；於是，法、術、勢成了三位一體。也正因爲這種關係，韓非自己在其定法篇中，毫不諱言地道出了其統一的工作，並且，分別指出這三者相互之間的實踐意義，❹雖然，在韓非思想本身，這法、術、勢三者

❹韓非定法篇，一方面指出「徒術而無法」的申子害，以及「徒法而無術」的商鞅，都不能治國；甚至，更展示「申子未盡於術，商君亦未盡於法」，以及「二子之於法術，皆未盡善」；另一方面則以爲應加上愼到的勢，才眞正盡了法、術，才眞正能富國强兵。(難勢篇)

所採用的統一運用方法，前期思想與後期思想有顯著的不同，❺不過，法、術、勢三者在運用上成爲三位一體的功能，是在韓非著作中表現得極致的。

※　※　※　※

本論文的寫作方式，先站在中國先秦哲學思想的大環境中，找出法家思想興起，以及發展的歷史演變；可以說是站在法家之外去處理法家的問題。當然，在這第一部份「史的發展」中，我們獲得的資料仍然以法家的作品爲主，從管子、商子、愼子、申子、韓非子等的著述中，找尋法家思想淵源，尤其是他們所提出來的，實行法治的理由；如果在這些資料中，發現有偏，甚至不妥的地方，再在史書或者其它學派的著作中，找尋補充的資料，所以，這部份的「史的發展」，雖說是站在法家之外看法家，事實上仍然是在法家之中談論法家。

緊隨着「史的發展」要深入的，也就是「內在涵義」的探討。這一部份我們用的方式是：針對社會哲學的原理，設法展示出法家在這方面的主張；在敍述中，我們將無可避免地牽連到先秦其它各家對社會原理以及社會問題的意見，文中尤其會提及許多儒家體系在同一問題中的看法和

❺ 韓非初期的政治思想，以五蠹、顯學爲中心，是以國家治和强爲目標，來運用法、術、勢三者，但是，此三者所出，則是賞罰的實行；而後期思想則離開賞罰的實踐性，而走向純理論的法、術、勢三者的意義。這是定法、孤憤、姦刼、弑臣諸篇中的思想重心。參閱中國思想之研究，宇野精一主編，林茂松譯，第三册，法家，幼獅文化事業公司印行，民國六十八年七月再版，第一七九頁。

做法。在這種情形之下，筆者也就勉爲其難地，作了一些比較的工作。這種比較的工作並不是在比較優劣的價值批判，而是在內涵上作一種比對，以顯示法家在中國古代所開展的社會哲學的意見：至於爲什麼法家思想和儒家思想不同，就是與道家思想互異，那就不是本文所能統統包羅進去的課題；也就因此，在許多這種場合中，問題也就點到爲止。因爲，這種「爲什麼」的問題，原是哲學上的形上基礎的課題，前面已經提到過，法家思想的務實性格，很不容易讓我們用形而上的默觀方法去批判。

在「內在涵義」中，我們特列舉出法家的「史觀」作爲其思想的出發點，同時設法從中導引出「用法」或是「立法」的根本理由。此外，「法」的人爲性特別顯著，我們在這裏不但觸及到道家的「自然」課題，同時亦涉及到與儒家的人爲點互異的部份。

在社會哲學的問題中，個人與國家的關係，私與公的分野，個人的權利與義務的問題，正義與利害的關係問題，都是決定一種學派的內涵因素。因此，在本文的「內在涵義」中，這些基本的課題，都將一一地被提出，以及作適度的討論。

「內在涵義」的部份是本論文的核心，從中可以追溯到其歷史的淵源，以及發展的來龍去脈；從中更可以看出：在一個文化發展中，其未來的命運。這樣，我們就在第三部份中，一方面對法家社會哲學的見解作一深入的批判，繼則在學理的討論中，指出其走向末路的前因後果。當然，先秦的法家思想極盛於秦朝，而其命運也與秦的暴政一般，沒有繁榮多久，就受到了唾棄。

但是，這種歷史事實的出現，並不足以作爲價值的批判，更不能作爲學說好壞的判準。作爲學說的批判準則，不但要回歸到社會起源的哲學基礎——人性的探討中，而且更要超越人性，走回天理的體認。法家的「當代意義」，因此也應當在這種哲學基礎上，來衡量其得失，來判定其意義。

如果把「法」的原始意義，歸還其根本的始點，在情、理、法未分之前的原始狀態，則「法」所表現、所實踐的，畢竟還是「天理」和「人禮」，而前者正是「理」，後者正是「情」。從人性的探討入手，充分去瞭解人情，進而探究人性根源的「天」，在「天理」的體認中，縱使沒有達到儒家所嚮往的「天人合一」的境界，但是，至少亦不應該出現：「法」與天理牴觸的地方，或者，法與人情不合的地步。

筆者以爲，用這種法理學、或法律哲學的理解，來瞭解並批判先秦法家的思想，以及其社會哲學，才會眞正導引出先秦法家社會哲學的當代意義。

現就請順序進入主題。

第一部份　法家社會哲學史的發展

中國歷史的發展，在根源的黃帝、唐、虞、夏、商、周的漸進演變中，其基本的性格雖然沒有強烈的證據可以依靠，但是，在周室衰微之後興起的春秋時代，却提供了足够的資料，去瞭解傳統的文化精華。春秋時代（紀元前七二二～四八一年）出現的孔子（紀元前五五一～四七九年），其復古的提案，在在都顯示出堯、舜、禹、湯、文、武、周公等古聖先賢的德治和仁政。孔子所注釋的傳統王道文化，在漢以後的收集和發展中，形成了六經的集大成。傳統的政治社會，或者至少是孔子以及早期儒家心目中的早期社會，其行政體系和方法是王道的、德治的、仁政的；其政治社會的安和樂利，是來自爲政者自身德行的外顯，亦卽是屬於「內聖外王」之傳統政治哲學，❻在孔子的心目中，用刑法或是罰則來統治國家是下策，還不如用德治來得有效。論語中的「道之以政，齊之以刑，民免而無恥；道之以德，齊之以禮，有恥且格」❼，明顯地界定了儒家政治哲學的指導原則。

這種以「德」和「禮」來治國的原理，一方面在積極上是反對以「政」和「刑」的政治方法，他方面亦消極地指出，論語時代已經有用「政」「刑」的政治理論，甚至有「政」「刑」的實踐方案了。

果然，在春秋之後接着來的戰國，由於富國强兵的要求，而不得不改變那緩慢的德治體系，

---

❻ 莊子天下篇，就指出關於「內聖外王」之道，闇而不明，才出現許多道術，各自提示方法，而成爲各家各派。當代新儒家學者，熊十力、唐君毅等，皆以此「內聖外王」作爲儒家政治哲學的總綱。參閱中國哲學原論原道篇卷二，唐君毅著，新亞研究所出版，學生書局印行，民國六十九年一月四版，第五五一—五六頁。

❼ 論語爲政。

而改爲法治的系統，來使國家的强盛能立竿見影。

論語中的消極證明，到了孟子，就很清楚地表現出來：「孟子見梁惠王，王曰：叟不遠千里而來，亦將有以利吾國乎？孟子對曰：王何必曰利？亦有仁義而已矣！」❽孟子與梁惠王的義利之辯，也就十足地指陳出，當時學者與政客意見的相左。站在戰國時代爲政者的立場，因爲要富國强兵，實利是追求的直接對象；而面對這對象，用不着考慮仁義道德的問題。可是身爲儒家的孟子，在衞護從孔子所承傳下來的道統，就必需提醒當時執政者，如何要站在仁義的立場，來治理國家。

在儒家的承傳中，論語和孟子縱然亦提及刑政之事，如爲政、里仁等篇，公孫丑上、萬章上等篇❾，但是，總是替德治和王道辯護，而輕視刑政和爲利的做法。然而發展到荀子，情形就大爲變動，原因就是對人性的理解。在孟子的戰國期間，雖然社會關係已經複雜，各諸侯爭覇的事件亦已層出不窮；孟子仍然用「性善說」，設法導引人民行善避惡；尤其是導引執政者實行王道，實踐德治；希望藉着心性的瞭解來挽救日漸沒落的社會。而孟子的這番好意却不幸地沒有被諸侯接納，其感慨社會的沒落溢於言表：「世衰道微，邪說暴行有作；臣弑其君者有之，子弑其

❽ 孟子梁惠王上。
❾ 論語爲政：「道之以政，齊之以刑，民免而無恥。」里仁：「君子懷刑，小人懷惠。」孟子公孫丑上：「明其政刑，雖大國必畏之矣！」萬章上：「訟獄者，不之堯之子而之舜。」

父者有之。」⑩

社會秩序的混亂，到了戰國末期，更形顯著。荀子再也無法在混亂的局世中，去構思他的理想政治；因而，一反儒家的德治仁政的做法，而倡導出性惡論，來使人正視人心對利慾以及權勢的追求，而把「以德化人」的緩慢進程，改爲「以力服人」的初步方案。因爲，天生來就傾向於惡的心理，並不易於接受別人的德化，而以爲禮治的化性起僞，才是根本的化解之道。

荀子「性惡說」的指陳，在對當時現實政治的各種權力之爭，諸侯間的各種霸業，無疑地暗示了思想的基礎；而反過來，對儒家從孔子到孟子的所有復古的努力，或是道家始祖老子所提倡的清靜無爲的人生觀，都打了很大的折扣。⑪

學說上由德治和王道簡化成禮治，學說哲學基礎的由孔子的「性相近，習相遠」⑫，以及孟子的「性善說」降爲荀子的「性惡說」，原祇是學理上的探討。可是，針對當時社會型態的變遷，以及政治體系的改變，原本已由周的統一開始了分裂、對立、爭霸的局面來看，則是文化上極爲重要的一種課題。

這種重要性，我們不難在荀子的二位弟子中看出：一是在法家理論上集大成的韓非；一位是

⑩ 孟子滕文公下。
⑪ 參閱中國哲學史，勞思光著，香港中文大學崇基學院，一九七一年十月初版，第二七〇頁。
⑫ 論語陽貨。

相秦而促成秦始皇覇業的李斯，後者雖沒有發展法家的思想體系，但是，其在實踐的層面上，却十足地表現了法家的特色。⑬

由上面的陳述看來，我們很容易瞭解到，法家思想的淵源，在與儒家的社會哲學基礎上，有着不可分的關係。在這裏，我們並不是用好與壞，或是優與劣的價値批判，來認定二者之中何者爲上策，何者爲下策；就哲學觀點看來，儒家從孔子到孟子所主張的王道、德治，奠定在對人性的理想上，從人的心靈向善的傾向，來希望達到未來的天下爲公、世界大同的太平世。戰國末期的荀子，雖不能說對這太平世的理想放棄了希望，但是，却以爲如其在寄望緩慢的德治體系，倒不如直接揭發人的心性傾向於惡的事實，然後設法在社會制度上着手，用「禮」的社會，作爲人性導向善念的方法；其化性起僞的學說，也正是希望跳越過理想的觀念，而用完全現實的把握，來改進社會，來創造新的環境，好使原本性惡的人，因爲社會環境的誘導，而改變自己的心性。

當然，荀子的弟子，無論是韓非，或是李斯，都是着重於「法」的訂立，使性惡的百姓在思言行爲上，有法則可循。

這是在學理上探討法家思想的淵源問題，其中注意的核心，是哲學中的形而上基礎。

---

⑬ 參閱中國政治哲學，鄔昆如編著，中華電視台教學部主編，華視文化事業公司出版，民國七十一年二月初版，第九講秦漢時代，第八三頁。

※ ※ ※ ※ ※

上面形而上的學說起源的探討，祇是理論部份，解釋了中國傳統政治社會哲學中，如何會演變成法家的思想體系。現在，我們要在具體的事實中，探討法家的起源：

我們在緒論中提到了史記，以及漢書所提及的法家，其基本的性格，還是在戰國時代所興起的富國强兵的背景。戰國是各諸侯爭霸，無視於周天子的統一政制，更無視於孔子或老子所倡導的仁義或道德。霸業的追求與擴展，形成了當時現實社會問題的核心。諸侯所關心的，是如何使自己所領導的國家富强，而足以稱霸羣雄。在當時，思想家分成好幾派：有的主張復古，恢復傳統的禮讓和團結，而在漸進的勤和儉的美德中，從修身到齊家，從齊家到治國，再從治國到天下平，發展出一個既富强又康樂的社會。另外一派是爲了針對當時的急功好利，以及國際間的明爭暗鬪，主張要從個人的內心做起，先要清心寡慾，而清靜無爲，心中沒有功名利祿的慾念，這樣，才是改善社會秩序正本清源的方法。前者顯然的是儒家思想，而後者則是道家的努力。第三種思想比較實際，正視了社會在變動中的旋律，以爲一定要在變中求變求新，才足以應付環境的挑戰，以爲一定得用一種比較積極可行的方法，才足以使國富兵强，不但不致於被敵人消滅，而且可在羣雄中稱霸。霸業以及發展和進步的理念，才是這一派的最大特色，這也就是法家。

在社會急速演變中，家族政治的崩毀，以及國族意識的興起，甚至世界主義的嚮往，都是促成法家理論落實的機緣。社會結構由家到國的變遷，的確會引起當時的注意，甚至起了某種程度的衝突。韓非子五蠹篇竟提出了「夫父之孝子，君之背臣也」，孝子與忠臣有所衝突時，也就顯示出儒家和法家在基本信念上的不同：儒者總是把孝子和忠臣看成一體，而法家則更處處闡揚「國家至上」的看法。

「國家至上」的原則所要求的，就再也不是人情的瞭解，而是法律的客觀標準。在法家的刑罰觀念中，其嚴刑峻法的主張也就是要給法律訂立一個客觀性的權威。韓非子有度篇所提倡的「刑過不避大臣，賞善不遺匹夫」，正是「法律之前，人人平等」的理念，很顯然地就與禮記曲禮中所說的「禮不下庶人，刑不上大夫」的思想有所衝突，甚至亦與荀子的富國篇所說的「由士以上則必以禮樂節之，衆庶百姓則必以法數制之」的說法相反。

「禮」與「刑」的探討以及「或比或彼」的抉擇，導引出社會內在的文化變遷，如果說從春秋到戰國的社會變遷傾向於外在因素的話，則從儒家的「禮治」(尤其發展到荀子時，更爲突出)到法家的「刑治」，便是社會內在的變遷。這兩種變遷恰好正與文化哲學的兩個因素相符：歷史哲學和社會哲學；前者是從春秋到戰國的發展，後者則是從禮治到刑治的變遷。

「禮」的教化隨着時代的變遷，尤其到達戰國末年，感到欲振無力；在這方面，道家提供出無爲與自然的觀念，以及清心寡欲的方法，希圖從心性的根本，提出化解之道；而法家則追隨着荀子「化性起僞」的方法，藉國家的組織權力，來轉化人民的潛能，使其貢獻出所有，來富國强兵。

管子書在這方面，可以說最能瞭解這問題的關鍵，而提出了各種可能性。就如牧民篇說：

「禮、義、廉、恥之四維張，則君令行」，這表示其在實踐領袖命令時，仍然相信「禮治」的重要性；但是，到了修權篇，就主張更進一層的實踐方案，那就是：「凡牧民者欲民之可御也。欲民之可欲，則法不可不審」。這是在「禮」之外，承認「法」的重要性。到了任法篇，就更進一步，以爲「所謂仁義禮樂者，皆出於法。」這顯然地提升了「法」的地位，而且已經把它看成高於禮的東西了。直至到了法法篇，根本上就極端推崇「法」的超越性了，他說：「凡人君之所以爲君者，勢也。」又在七臣七主篇內，亦有這樣的記述：「法令者，君臣之所共立也。權勢者，人主之所獨守也。」於是，從禮治到法治的通路，可以說，在管子一書中，就足以提出其發展的脈絡。

而事實上，早在商鞅的變法，就已顯示出其實際政治的特性。商鞅仕魏國，加深了「農」和「兵」之間的結合；首先把原以宗族爲單位的社會組織，改變成爲個別的家庭爲單位，這末一來，國家一方面不會再有對立的權力，另一方面，也就比較容易掌握住人民的動向。在以「家」爲單位的社會組織中，商鞅站在刑罰獎賞的利害關係立場，規定了「告姦」的責任制。這種牽制的做法，自然提升了君主的權勢，間接也强化了國家的組織。後來韓非子也特別稱許商鞅的做法，他說：「公孫鞅爲法術者……法者，憲令著於官府，刑罰必於民心，賞存乎愼法，而罰加乎姦令者也。」(定法篇)就連司馬遷在史記列傳中，亦給予商鞅不少好評。他說：「行之十年……道不拾遺，山無盜賊，家給人足，民勇於公戰，怯於私鬪，鄉邑大治。」⑭

⑭ 史記卷六十八，商君列傳第八，同註一，第三册，第二二三一頁。

商鞅不但在實踐上行變法，而且亦在理論上，提出變法的思想基礎，那就是他的社會變遷史觀，從上古的親親，到中古的上賢，到當代的立君（開塞篇）。於是，君權的倡導和實踐，也就有了依據。後來，韓非亦完全繼承了這種歷史觀，來支持其改革社會的理論（五蠹篇）。關於這點，屬於法家的本身內涵問題，留待本文的第二部份，再行討論。

商鞅的農戰主義，無疑的是富國强兵的權謀核心，而其思想的淵源，又可以上溯到吳起和李悝，二者皆早於商鞅在仕魏國，實踐富國强兵的方法。⓯

商鞅變「法」的實踐，尤其是用「法」所導引出來的「家給人足」以及「鄉邑大治」，自然就引起了其他諸侯的仿效。

起先就是愼到的「勢」的學說，雖然，莊子天下篇對愼到的批評，並非很好，像「棄知去己，冷汏於物，以爲道理」，或者「與物宛轉，舍是與非」，然而。韓非却在難勢篇中，把愼到的理論說得非常切合，以爲政治並不是仰仗君主的賢和智來施行，政策的實踐，全要靠君主的地位和權勢來推動的。

愼到的著作，史記載有十二篇，漢書藝文志說有四十二篇，事實上現存的五篇中，威德篇就已說明「勢」的來源與運用，是以國家爲目標的。他說：「古者立天子而貴之者，非以利一人

⓯ 參閱中國思想之研究，同註五，第一三八—一三九頁。

也」；另一篇德立篇更指出：「王也者，勢無敵也」，可見愼到的勢用，亦都爲了客觀的社會秩序，是從私到公的一段進程。

由法來支持勢，原是愼到理論的精華，荀子解散篇中，曾經批評愼到「蔽於法而不知賢」。但是，事實上愼到在威德篇中曾說：「法雖不善，猶愈於無法，所以一人心也。」因此，法至少有一種能力，可以連繫人心，可以團結人心，共同做公益的事業。這便是「勢」的體認。

再來就是在韓國方面的情形，在各國變法聲中，韓昭侯也有意參與霸業，而其幕僚申不害是中堅份子。戰國時代，韓是晉的別國，晉的舊法尚沒有解除，韓的新法又生，於是造成了新舊二種思想的衝突。申不害的工夫，也就是用「術」，來行新法，但在適宜的時候，也給予舊法適當的地位和用途。這「術」運用的尺度，完全是一種利害關係的立場，新法有利，則用新法；舊法有利，則用舊法。

我們有關申不害用術的情形，大都從韓非的定法篇之中，獲得資料。定法篇先述說韓國的國情，然後指出申不害如何用「術」來適應環境，並設法使國家走向繁榮之道。「術」在這裏的意義是：「術者，因任而授官，循名而責實，操生殺之柄，課羣臣之能也，此人主之所執也」。這末一來，「術」其實是執政者的明智手段，去解釋法律，去實踐法律；而且在某方面亦擁有極高之權勢，足以懾服臣民；這樣，領袖才可能依照自己的意見，把國家領導到富國强兵的境地。

但是，申不害的「術」因爲要適應傳統的「定」，以及新法的「變」，因而不僅提倡君主統御臣下之術，亦要注意臣下勸服君王之術，這也就是口才的運用，其實都是爲達到目的的方法。內儲說上，外儲說上都特別注重這些辯術的運用。

法家發展到「術」的運用時，已經形成足以落實到政治社會的統制上，同時又能有哲學上的理論根據。

※ ※ ※ ※ ※

法家在理論上法、術、勢的三分，是由韓非在理論上的統一。但是，法家的務實性格，並不會衹滿意於理論上的成就，也卽是說，法家的目的，是在於實踐上，把法、術、勢連結融通起來，而落實到社會政治體系中。

而事實上，這兩種理想，統統都滿全了、實現了；那就是秦始皇併呑了六國，眞正地運用了法、術、勢三者，這種策略權謀，是李斯所提供的。在富國强兵的意義上來說，李斯幫助下的秦始皇，的確用自己的能力，不但統一了六國，而且用了法、術、勢的綜合，奠定了中國今後的統一藍圖。

在「史的發展」中，先秦諸子各家各派，在哲學的意義上說，都是對當時政治社會的情況，不滿意，以爲是走離了天道與民情，思想家於是挺身而出，指點迷津，提出化解之道。而在所有化解之道中，「法」家竟然是第一個落實到社會之中，那就是秦的霸業。

秦的統一中國，不但在其策略的運用上，看出其「書同文、車同軌」的方法，而且在政治社會的意義上，從孟子就已關心的王、霸思想之爭，到此霸道在實質上，獲得了決定性的勝利。⑯

第二部份　法家社會哲學的內在涵義

在史的發展部份中，我們曾經以法家本身思想的發展爲經，以當時儒道等思想在對立的意義上爲緯，編織成了「傳統」與「革新」，「不變」與「求變」，「王道」與「霸道」的社會改革方案的提案與實踐。而在以法家社會哲學爲重心的取材上，我們肯定了春秋戰國時代，社會變遷的事實，同時，在儒家本身的發展史上，我們亦暗示了從孟子到荀子的沒落跡象；王道信念的失落，才眞正使法家思想成長的理由。荀子的二位弟子：韓非和李斯，前者在理論上集法家之大成，而後者在實踐上，獲取了霸業的精髓，亦都是這種看法的明證。

在這部份「內在涵義」中，我們探討的重心落在法家社會哲學的架構上；首先是窺探其以之所採取「變法」的哲學基礎，作爲其社會哲學形上思想的出發點；然後再在這基礎之上，去看其對個人與羣體，對家與國，對義與利的看法；再後是對法、術、勢的解釋，用以架構成法家思想體系的殿堂。

---

⑯ 關於王霸思想的課題，吳力行在其論文「中國歷史文化中的王霸思想演變」，有深入的研究。參閱嘉新水泥公司文化基金會叢書，研究論文第四一七種，王雲五主編，民國六十八年八月出版。

當然，在所有思想基礎的探討工作中，我們總不敢疏忽法家的務實性格。這務實性格畢竟是法家在先秦諸子百家中，最先落實在政治社會中；這種落實雖不幸爲時極短，但是，却也證實了其學說的實用性，實效性。

我們現就分段來詳述法家社會哲學的體系內涵：

壹、首先被提出來的，是在社會發展與變遷中，最根本的原則問題，在哲學形而上的探討中，「變」與「恒」是問題的根本。中國古代的政治思想，正如前面史的發展部份所討論過的，顯然地有兩大理論：自然與人爲。前者是道家的思想脈絡，後者是儒家的觀點。從老子開創的道家，以爲人生存在天和地之間，要與自然和諧，不必要有人爲的因素滲雜其中，這樣，一切順其自然，人性與宇宙大化流行的合一，造成物我相忘的境界，才是治亂世治本之方。誠然，如果人的心性在清靜無爲，不爭功名利祿，社會秩序也就井然，而不會出現你爭我奪的春秋時代了。由孔子所開創的儒家思想，則以「天工人其代之」⑰的理想，覺得天道畢竟要呈顯在人道之中，才算是天意的完成。於是，人的頂天立地的本性，以及繼往開來的使命，都在落實到政治社會的理論之中。

儒家的這種「人爲」理論，演變到荀子時，就轉變爲「變」與「恒」的形而上探討。儒家從

---

⑰ 書經第一卷虞書，皐陶謨。

孔子到孟子所開展的人性，總是偏向於「善」的方面，因而從古到當時的傳統改制，都是承傳的張本。孔子的復古思想，想法和做法上，都肯定「人爲」的可信賴以及其「變中不變」的原理。但是，從荀子開始的「性惡說」，「變中不變」的想法被改變成「不斷改變」的方案，其「化性起僞」的「禮」的提倡，已經不再是傳統儒家肯定外在制度的神聖性，而以爲要改革的，不但是「修身」原則下的個人內在的革新，而是社會制度的改進。荀子不再信任「德化」的力量，而轉至「禮治」的見解。

從「德化」到「禮治」，也就是從「德治」到「法治」的中站和過程。也就在這過程中，主張法治的思想家，提出了人類社會發展的「史觀」，作爲改革社會的哲學基礎：

變法的理論從商鞅開始，就提出了「歷史發展」的軌跡：「上世親親而愛私，中世上賢而說仁，下世貴貴而尊官。」(開塞篇)在這方面，對人類發展史的認定，是必要的，開塞篇不得不提供一種完整的敍述：

「天地設而民生之，當此之時也，民知其母而不知其父，其道親親而愛私；親親則別，愛私則險，民衆而以別險爲務，則民亂；當此時也，民務勝而力征，務勝則爭，力征則訟，訟而無正，則莫得其性也。故賢者立中正，設無私，而民說仁；當此時也，親親廢，上賢立矣。凡仁者以愛爲務，而賢者以相出爲道，民衆而無制，久而相出爲道，則有亂，故聖人承之，作為土地貨財男女之分；分定而無制不可，故立禁；禁立而莫之司不可，故立官；官設而莫之一不可，故立君；既立君，則上賢廢，而貴貴立矣。」

姑且不論這種史觀的史實是否可靠，商鞅變法的理由也就是由於「變」的法則體認，以爲變法原是歷史發展的軌跡，是歷史的必然。而這種「變」的必然性，是建立在「廢」與「立」的演變上：「上世親親而愛私」廢了之後，而立「中世上賢而說仁」，同樣，「下世貴貴而尊官」的立，也就是宣示了「中世上賢而說仁」的廢，廢除與設立的極致，說明了法家改革的急進性格，與儒家的漸進德治，在方法上就有顯著的不同。

急進的「變」是法家用來治國的入門。後來，韓非子在這方面，也設法提出歷史急進的軌跡，他說：

「上古之世，人民少而禽獸衆，人民不勝禽獸蟲蛇，有聖人作，構木為巢，以避羣害，而民悅之，使王天下，號曰有巢氏……中古之世，天下大水，而鯀禹決瀆。近古之世，桀紂暴亂，而湯武征伐，今有構木鑽燧於夏后氏之世者，必為鯀禹笑矣。有決瀆於殷周之世者，必為湯武笑矣。然則今有美堯舜湯武禹之道於當今之世者，必為新聖笑矣。是以聖人不期修古，不法常可，論世之事，因為之備。……今欲以先王之政，治當世之民，皆守株之類也。……故事因於世，而備適於事……故曰：世異則事異……事異則備變。上古競於道德，中世遂於智謀，當今爭於氣力。」(五蠹篇)

韓非顯然地用更犀利的筆調，寫出了變的必然性，而導引出「事因於世」「世異則事異，事異則備變」的原則，而結論出「聖人不期修古，不法常可」的歷史事實。

其實，恒與變的哲學性二極之辯，在戰國時代，許多作品中都有討論⑱，不過，沒有像法家那末肯定地守住「變」的一方而已。

「變」的歷史基礎定好之後，也就是如何變的課題：「如何變」的方法，却取決於從何變起，往何處變的起點和終點的課題。法家興起時以及發展時，甚至成名時，都是在羣雄爭霸的時代；在社會生存的層面來說，是爭生存，弱肉强食的時代；而這些現象呈現在法家思想家面前的，也唯有厚植國力，富國强兵，才足以抵禦外侮，使國家不致於被別人併呑。

於是，「强權」的理念是在爭生存的時刻中，急不容緩的措施。但是，支持强權的思想根本，却與傳統的禮讓、德治、王道等理念相反；在具體的考察上，刑政的定立，勢必將自身投入於與傳統對立的洪流中。如今，有了變的史觀作爲思想的基礎，至少在實踐上，可以找出替自己辯護的理由。

因而，法家的務實性格，必須在「變」的始點上，就要用史觀的「廢」王道、德治的政制，然後才在方法上「立」法，再以鐵腕的作風來推展「法治」的實踐。

「立法」與「行法」於是成了法家在基本方法上的內涵。這內涵的基礎也就是在「恒」與

⑱ 如墨子尙同篇：「古者民始生，未有刑政之時……是故選天下之賢可也，立爲天子。」又呂氏春秋時君覽：「昔太古嘗無君矣……聖人深見此患也，故爲天下長慮，莫如置天子也。」等等。

「變」的辯證中，毫不猶疑地，選擇了「變」的一邊。

這「變」的史觀，在商鞅時代，還是「親親→上賢→尊官」以人爲本的發展，到了集大成的韓非，就毫不避諱地提出方法上的內涵，卽是「道德→智謀→氣力」，到了「以力服人」來解釋法家的「立法」和「行法」的地步時，也就顯示出法家所走的道路的極端，而完全與儒家「以德化人」的見解相反了。

貳、在「富國强兵」爲目標，以利於行覇業的目的看來，「立法」的首要意旨也就在於爲公去私。在這裏，「私」的弊端呈現在個人與家族的利益，而「公」的意義也就在於國體的强盛。中國先秦的法家思想，在這方面是要執政者以及衆百姓，都必需擯棄一切自私自利，而在所有思言行爲上，都以國家利益爲前提。但是，在這指導原則的背後，隱藏着實踐原則的「術」的運用，那就是利用人民的私心，來完成法治的爲公去私的目標。這種「術」的運用，在哲學基礎上所呈現的，是義與利的選擇問題，而法家追隨荀子性惡說，以爲人性偏向於利，亦卽是說，法家看準了當時民心，在是非觀念與利害關係互相衝突時，教人民順着爲利的天性，只講利害關係，而拋棄是非觀念。至少，在專注社會秩序的重建中，法家思想不信任「以德化人」的原則，而着重於功利的「以力服人」的方法。

韓非子的五蠹篇曾經引用了一則直躬的故事，楚國的宰相令尹，判直躬的罪狀是「直於君而曲於父」，而把他殺了，韓非子大爲不然，批評說：「夫君之直臣，父之暴子也。」同篇另一故事是：魯人從君戰，三戰三北，仲尼問其故，對曰：「吾有老父，身死莫能養也」，仲尼以爲孝，舉而上之。韓非子又批評說：「夫父之孝子，君之背臣也。」這是「家」與「國」，「孝」與「忠」的二難式，究竟孰先孰後？在法家的富國强兵政策看來，當然是國先於家，忠先於孝，國家的利益先於家族的利益。五蠹篇故意提出的兩個故事，意在指出羣體生活中，國家與家族之間的乖離現象。法家以爲，這乖離現象一天不去除，富國强兵的目標，就無法達到。於是，如何削弱家庭爲中心的家族利益的心態，如何增强以國家利益至上的認同，才是務實的法家當務之急。

早在商鞅變法時期，就已看清了這種「私」與「公」的乖離現象，於是設法把大家族的結構，分散爲小家庭的制度，而且，再以告姦之法來密切連繫小家庭中個人與國家間的直接關係。告姦法的定立，根本上是站在國的立場，以國家利益爲前提的立場，用「利」和「害」的現實，來把握住百姓的心，使其寧願犧牲家族，而保全自己。這告姦之法，事實上是在「利害」的考量上，在百姓原有的「私心」之上，加以運用而已。

在「公」與「私」的衝突中，一方面因爲「賞厚而信」的吸引，另一方面則由於「罰重而必」的恐怖，而把原本有害的「私心」轉化爲對國家有益的「公心」，這是韓非在承傳商鞅告姦之法的大手筆，也是法家在用術方面的極致。

韓非子的姦刼弒臣篇，曾經試着把這種情況合理化，他說：

「聖人之治國也，固有使人不得不愛我之道，而不恃人之以愛為我也。……夫君臣非有骨肉之親，正直之道可以得利，則臣盡力以事主。正直之道不可以得安，則臣行私以干上，明主知之，故設利害之道以示天下。」

在韓非看來，國家社會之起源，根本上是利害關係，君臣的關係，因而亦必需以利害來維持，而這種利害關係，甚至到達了「主賣官爵，臣賣智力」（外儲說右下）的地步。「法」與「術」的連結，在這裏，眞是達到了無瑕可指的地步。

叁、社會哲學所扮演的角色，是在文化哲學中擔負橫的層面，提出社會原理與社會問題，好與文化哲學的另一縱的歷史哲學相遇，而開創出文化哲學的整體⑲，前面的兩部份，可以說是先指出了社會原理，而且提出了社會問題，法家的社會原理，主要的是認定社會的「變」，以及在變中的各項權宜的措施；而且，在變的社會中，以及在各種應變的措施中，人的心性並沒有獨立的自由，而是受環境的影響；在另一方面，法家的觀點繼承了荀子的性惡說，以爲人性是惡的，因而祇能以利害的關係，來引導其爲利而向善、怕罰而不敢作惡。

也就在這種社會原理的推動下，發生了許許多多的社會問題；而這些問題就是：公與私的衝突，國與家的衝突，自然與人爲的衝突，利與義的衝突等等；乃至於一個國家與別的國家衝突。這些個人與個人，羣體與羣體，個人與羣體的衝突，形成了法家當時的社會問題。

---

⑲ 文化哲學涵蓋了縱的歷史哲學以及橫的社會哲學，參閱 Alois Dempf, *Kultur-philosophie,* Philosophische Fakultät, Müünchen HSV 198/1,S.3.

如何解決這些社會問題？也就是本論文在內在涵義中的核心課題。法家的務實性格，是要用立竿見影的方式，提出方法；實踐方法，效果就馬上會出現。也就因此，儒家所提出的緩和的，漸進的，以德化人的方法，法家從一開始就反對，法家的方法也就是以力服人的法、術、勢。

我們這就進入討論，並且分述此三者的內涵：

㈠**法**：在研究法家思想的傳統中，「法」的專題是屬於商鞅的，商鞅由於變法成名，史記商鞅列傳中曾經記載着：商鞅晉見秦孝公，以帝道、王道、霸道各種政策，順序說明，並且論及各種政策對富國強兵之應用：秦孝公採納了霸道的方法。時爲孝公三年（卽紀元前三五九年）的事。但是，當商鞅的變法付諸實行時，新舊之爭，傳統與革新二派之爭很自然地興起，也就因此，主革新派的商鞅，在變法上也就走了比較緩性的方法，其變法分成了二個階段：第一階段卽先實行小家庭制，用告姦法來使民衆相互之間監視，用賞罰來推動這種法律的實施。到了孝公十二年（紀元前三五〇年），遷都咸陽，實行第二階段的變法。這階段着重於對小家庭制的加深，而在各小家庭之上設立鄉、邑、縣；並且以重稅來威迫百姓行小家庭制度，來加深告姦法的實踐。⑳

從商鞅變法的內容來看，很淸楚地是要破「家」的勢力，而聚民間的力量爲國用。其中尤其

⑳ 參閱史記卷六十八，商君列傳第八，同註一，第三册，第二二三〇頁，二二三二頁。

是「告姦」一法，更是以利害關係，來衞護社會的秩序（而這秩序是用來富國强兵的），而這秩序已不再是以家族爲中心，而是以國家爲中心的。這樣，變法的目的無他，取消家族中心的勢力，發展國家的力量而已。

後來，韓非子定法篇論及商鞅的法時，曾有如下的斷語：「法者，憲令著於官府，刑罰必於民心，賞存乎愼法，而罰加乎姦令者也。」眞的，這裏的「法」祇是政府的手段，並不是「天理」和「人禮」導引出來的結果。百姓的守法，以及國家的立法，基本上都在「利」「害」關係上着眼，與當代法治社會的「法」有相當大的差別。

當然，這種富國强兵的激烈方法，是可以立竿見影的，史記也就用了下列的文字來形容當時的社會情形：「行之十年……道不拾遺，山無盜賊，家給人足，民勇於公戰，怯於私鬪，鄉邑大治。」㉑

「鄉邑大治」的斷語，顯然地指出法治達到了好的目的。

在另一方面，嚴刑峻法畢竟不能創造安和樂利的社會，商鞅在執法上，也遭遇到一些基本的困難，像太子犯了法，由於是君嗣，不能施刑，商鞅竟「刑其傅公子虔，黥其師公孫賈」㉒；於是，怨恨商鞅的，始自宗室貴戚，終於引起百姓之怨，到後來終於被車裂而死。

㉑ 同上第二三三二頁。

㉒ 同上。

㈡術：術在法家的內涵，通常都以爲由申不害而來。

有關申不害的資料，在史記中記載得非常少，祇有下列二段話：「申不害者，京人也，故鄭之賤臣，學術以干韓昭侯，昭侯用爲相。內修政教，外應諸侯，十五年。終申子之身，國治兵彊，無侵韓者。」以及「申子之學本於黃老而主刑名，著書二篇，號曰申子。」㉓

從史記中我們獲知申不害重術，而且是用來輔助韓國，亦使韓國强盛；其次是，這術的重點是在刑名。

要更多的資料就要在韓非子的著作中去找。韓非子的定法篇在述及申不害時，先把當時韓國的狀況交待清楚：以爲是在新舊交替的時代，而申不害的成就，也就在於能夠把握住時機，輔助韓侯做好革新的工作，施行新政，導國家以富强。

這種「術」的意義，在韓非子看來，就是：「術者，因任而授官，循名而責實，操殺生之柄，課羣臣之能者也，此人主之所執也。」㉔

這種君主統御臣民之術，也就是君主爲了富國强兵，使全國一心上下，所用的手段。申不害仕韓昭侯所作的進言，我們可在韓非子的內儲說上，外儲說左上等找到注脚，都屬於祇求達到目的，不擇手段的做法。

㉓ 史記卷三十六，老莊申韓列傳第三，同上第二一四六頁。

㉔ 韓非子定法篇。

當然，從史記的記載看來，申不害的術，不但具有君主統御臣下之術，而且主要的，是賤臣如何討好君主，而使自己身列親臣，使自己的意見能爲君主接受；換句話說，就是使自己受到重用，這顯然又是功名利祿追求的另一面向。

「術」的應用，在申不害的生平記事中，也就因此分成兩個階段，先是臣下求諸於君，以求獲得君主完全信任，得在決定國策時，貢獻所學；或者，站在另一立場來說，是希望獲得君主的重用，好一展抱負，發揮權謀，這是申不害自身的成功寫照，也是他之所以能獲得韓昭侯信任的自身體驗。但是，一旦申不害輔佐韓侯時，所呈獻給君主的策略，就都是君主如何統御臣民的法術：這法術是看國情而定向的，當時韓國的內外情勢，較諸他國更爲複雜，而申不害「術」的成名，也就是因爲其能應付這特殊的環境，而突破困難，邁向富强的地步。㉕

史記載的「申子之學本於黃老而主刑名」，窄看頗使人不易瞭解，黃老之術與刑名如何拉得上關係。其實，這也正是申不害「術」之所以爲「術」的高明處，在韓非子的內儲說上、內儲說下等篇，有關申不害的故事敍述中，我們很容易覺察出，君主在統御臣下時，雖然用盡心機，但是，表面上仍然顯示出「無爲」的態度，臣民依照賞罰的標準，會自動地執行國家的法令，絲毫看不出，君主在强制他們的言行。申不害提出「因功治官」的法術，眞是看準了人類功利的心

㉕ 參閱中國思想之硏究，同註五，第一三二頁。

態，因而，術的運用也就是把握住民之好惡，在這個好惡的重點上明令法律，這樣，君主就可以「垂衣裳而天下治」了。

黃老的以退爲進，或是「無爲而無不爲」的理解，的確由申不害發揮得恰到好處。

後來，申不害的這種君主無爲之術，以及論功行賞之法，被韓非用來架構其思想體系的中堅。

㈢**勢**：在法家中，勢的問題比較不易直接談論，主要的就是因爲它屬於術所導引出的力量，而使百姓不敢反抗，而必須去實踐的一種心態的成因。韓非子在集法、術、勢的大成的定案中，把「勢」歸給慎到。在史記中，慎到沒有單獨的列傳，而是夾在孟子荀卿列傳之中：「慎到，趙人……皆學黃老道德之術，因發明序其指意，故慎到著十二論。」㉖還有就是「自騶衍與齊之稷下先生，如淳于髡、慎到……之徒，各著書言治亂之事，以干世主，豈可勝道哉！」㉗以及「宣王喜文學游說之士，自如騶衍、……慎到……之徒七十六人，皆賜列弟，爲上大夫，不治而議論。是以齊稷下學士復盛，且數百千人。」㉘

申不害的著作，史記說十二篇，漢書藝文志載有四十二篇，但現存的只有五篇，其內容也就是：政治的實行並不是靠君主的賢和智，而是靠在位者的勢位；用「飛龍乘雲，騰蛇遊霧」的比

㉖ 史記卷七十四，孟子荀卿列傳第十四，同註一，第三冊，第二三四七頁。
㉗ 同上，第二三四六頁。
㉘ 史記田敬仲完世家第十六，同註一，第三冊，第一八九五頁。

喻來說明君主的勢力。當然，這種勢位有兩面，一面是君主地位本身的顯赫，那是道家自然主義的色彩；另一面則是人爲的因素，君主應用各種手段，讓臣民敬畏人主之尊嚴，而手段中，最重要的就是法的控制力，信賞必罰的施政；立法與司法的完全符合，這原是人爲的因素；但是，愼到要用當時宗教的「天」的權威，來支持君主的地位，如是在威德篇說：「聖人之有天下也，受之也，非取之也。」這自然是天命的解釋，表示君主受命於天，其權威乃自天而降的

呂氏春秋愼勢篇在引用愼到的話說：「王也者，勢無敵也。」又說：「立天子不使諸侯疑焉，立諸侯不使大夫疑焉，立適子不使庶孽疑焉；疑生爭，爭生亂。」於是，愼到的勢，還是要治，要避亂；而以爲治的要領一方面是秩序，而秩序是靠勢位的；另一方面則是靠君主的威信，而威信則是靠信賞必罰的施政。

當然，在勢的課題上，與術的課題一樣，重要的不是正義的問題，而是利害的關係。愼到的威德篇就說：「法雖不善，猶愈於無法，所以一人心也。」爲了團結的力量發揮爲目的，可以不擇手段的，乃致於荀子解蔽篇中，對愼到亦作了如下的批評：「蔽於法而不知賢。」以及「無賢，不可以無君。」儒家的賢、能政治的看法，愼到是不贊同的，他以爲勢比賢重要。甚至於莊子天下篇也對愼到作了如下的評語：「棄知去己，而緣不得已，冷汰於物，以爲道理」以及「與物宛轉，舍是與非」，愼到在這種觀點之下，棄捨了心靈層次是非觀念，完全以客觀環境爲各種指導原則的轉換。因此，在儒、道的批評下，愼到是一個喪失自我，完全受環境支配的人物。莊子對

他的斷語，最後是「愼到之道，非生人之行，而至死人之理」（天下篇）。

這樣，勢的問題，要比客觀的法，或是主觀的術，更遠離人的主體性，幾乎可以說，法的訂立，在愼到看來，根本上不是爲人立的，大有反過來，人的存在，倒是爲了法的。

㈣**法、術、勢**：上面單獨地探討法、術、勢的各別意義，而且以其代表人物爲中心去探討。在法的部份，我們提商鞅爲代表，在術的部份，我們以申不害作代表，在勢的部份，我們把重心放在愼到的學說上。但是，這些個別的探討，以及學說的個別發展，都有其統一的信念，那就是最終目的的富國强兵；要富國强兵必需先治，而治國的法寶則是在法、術、勢之中，選擇適用的加以利用。而其實，依上面分論中看來，三者不但在總目標上相同，就是在所用以實踐的方法上，甚至在內涵上也有相當程度的一致性，這一致性也就是後來韓非統一法、術、勢，作了法家集大成工作的基礎。

韓非是韓國之公子，見當時韓國的情勢，而設法用理論突破當時困境，而使國家步上富國强兵之途，韓非所持有的社會原理，一方面是承傳了商鞅的國家起源論，以「親親→上賢→尊君」的三階段激進的說法，進一步改變爲「道德→智謀→氣力」的改變。㉙另一方面則是其師承荀子的「性惡說」，以爲人民向惡的傾向是與生俱來的，針對當時變遷中的社會，已經不能用儒家的

㉙ 商君書開塞篇：「上世親親而愛私，中世上賢而說仁，下世貴貴而尊官」；韓非子五蠹篇：「上古競於道德，中世逐於智謀，當今爭於氣力」。

「以德化人」的緩性計畫，而是應該用急進的「以力服人」的方式，嚴刑峻法，來使國家走向治道。

而在這種社會原理的體認中，很清楚地導致了社會問題的所在，首先就是傳統「以德化人」的儒、道改革社會的方案，仍然在社會中深植。因而韓非要用許多理論加以駁斥，其辯證的理論主要的就是「因時制宜」的原則，以爲時空的轉變，也必然導致解決問題方法的轉變。其歷史觀「道德→智謀→勢力」，也就是爲了這論證而鋪路的。

在另一方面，當時諸侯各國的爭霸現象，爲韓非來說，也就是性惡說的一個活的證據，其師荀子用禮來化性起僞的方法，韓非已經覺得太寬了點，而是應該更進一步，用法來化性起僞，才足以使國家走向富强的地步。

再就法、術、勢個別的問題來看韓非的社會哲學思想；那首先就是發展法的商鞅。商鞅的法，正如前面所論述過的，其小家庭制的目的在支持他的農戰主義，即是利用農事來組織、團結全民的力量：平時耕作，戰時當兵，以達成國家的富强。但是，這組織的基礎又需是有利於國，而不是有利於家族的，在家與國的利害關係衝突中，商鞅用了「法」的嚴密性，配合了賞罰的極端，而迫使民衆守法。商君書在刑賞方面的主張是「多刑少賞」的，因而可以說，法家早期思想的「法」是屬於刑法，專門注意那些違反了法令，而施之以刑的。

韓非在這方面，固然接受了商鞅的變法的原則，可是在應用上，還是採取了賞罰並行的二途，卽是「賞厚而信，刑重而必」。亦卽是說，在「法」的意義上，對賞善罰惡是言出必行的，這樣，君主才能採信於民。原來，在商鞅的執法問題上，都是以刑爲中心，也因此終遭民怨。

至於闡揚「術」的申不害，如前面所論及的，包括了君主御用臣民，以及臣下對君主的勸術；這術是雙向的，都是用來富國强兵的；但是，韓非却認爲，臣下對君主用術不適宜，而以爲「術」，祇是君主統御屬下的方法。這末一來，韓非要用術，祇限於「因臣下之功而賞，視臣下之能而授官」。當然，申不害所用的術，其精密處也就是君主表面的「無爲」，而在信賞必罰的行爲上，讓臣民自動地爲了賞而立功，爲了怕罰而避惡。當然韓非看來，這賞罰的準則是由君主所訂定，故術的運用，亦應是從上到下單方向的。

再就愼到的「勢」的問題，原來分成自然與人爲兩部份，正如前面所提及的：自然的勢位是道家思想體系的自然主義色彩，以爲把君主的地位說成「天命」，把君主的地位不再看成是人爲的爭戰而來，而是「順天應人」的，這樣，臣民對其地位的尊嚴，實足以發展出法律的地位和權勢的。但是，韓非却以爲，君主的勢位，根本不必用這種自然主義的色彩來支持，而在難勢篇中，說明了君主實乃人民羣體生活所必需依賴的一種人爲組織，但却同時是國家富强必需有的組織體系。

這樣，在集法、術、勢之大成的韓非學說中，社會的本質不是自然而然的，而是人爲的一種集體。但是，一旦個人參與了這集體之中，成爲羣體中一份子時，就變成了國家秩序中的份子，而以國家至上爲原則。君主治理國家，固然要瞭解百姓的好惡，好利用來爲富國強兵而努力，但是，最重要的手段，還是要立法，要行術，要有勢。法是賞罰的基準，術是實際的施行方法，勢則是施行法的君主的地位。

在韓非子各篇章中，五蠹、顯學二篇是以法、勢爲主，而以術爲從；但是，到了姦刼弒臣、孤憤、和氏三篇中，則變成以「術」爲中心，來貫通法、勢。

總之，韓非完成法家體系的思想上，兼備了法、術、勢的思想；雖然，其思想並不像同學李斯能應用在覇業上；但是，在發展人性中利害關係概念，社會中功利觀點，發展和進步的急進方案，却有着特殊的貢獻；尤其是在現實的人際關係中，在爭生存的國際關係中，在實踐方案的設定中，都有其參考的價值。

第三部份 法家社會哲學的當代意義

從本文的第一部份「法家社會哲學的歷史發展」中，我們窺見了中國社會從禮治到法治的變化，以及法治思想本身的演進。在第二部份的「內在涵義」中，我們探討了法家心目中的社會原理以及社會問題，並且特別研究了法家思想在處理社會問題時，所提出來的方法。現在，我們再站在法家的外面，以客觀的立場，來批判法家社會哲學，對當代社會的意義。

壹、社會原理

首先，針對社會哲學的原理部份，我們最直接的感受是法家思想家對「歷史觀」的看法，在「變」與「恒」的部份，完全肯定「變」的部份，甚至把「變」看成原理，看成原則，而以爲沒有「恒」的存在。這在哲學形上學的理論上是比較欠缺的部份，有點顚倒輕重。「變」當然是一種事實，但是，「變」也一定循着一定的法則變化，而不是雜亂無章地混亂，更不是沒有目標地演變。儒家社會哲學在這裡，至少是比較俱有哲學性，因爲它首先提出的指導原則是：社會發展向着歷史的終極目標，那卽是「天下爲公，世界大同」的「太平世」；而且在緊接着指導原則之後，又有實踐方案的提出，那就是漸進原則的從修身到齊家，到治國，到平天下。法家體系從管仲到韓非，其指導原則都無法指出究竟人類的政治社會，要往何處去？它所提出的富國强兵，是本身的目的呢？還是要達到更高更遠的目的？政治社會的最終目的，難道就是富國强兵嗎？富國强兵萬一與安和樂利有所衝突時，難道要棄捨安和樂利，而採取富國强兵？由法家所導引出來的秦暴政，也就是最有效的驗證；毫無疑問地，秦之統一六國，書同文，車同軌，本是富國强兵的，奈何沒有達到安和樂利的地步，於是被人唾棄。

因此，社會哲學中，社會原理的探討，必然不能忽略人的社會性，以及人情之所繫；人類共命慧的追尋，在探討社會原理時，順天應人的條件是非常重要的。

也就在論及人性論時，法家承傳了荀子的性惡說，在這裡又不能不說其有了偏差；人性固然有向惡的傾向，有好聲色、好利慾之心，但何嘗沒有孟子所倡導的四端？若說人天生來就傾向於惡，那裡來的惻隱之心？是非之心？羞惡之心？

人性之異於禽獸，也就因爲其曉得人倫，知道父子有親、君臣有義、夫婦有別、長幼有序、朋友有信，這些是非觀念不都是在利害關係之上嗎？

第三點也就是人際關係所構成的社會關係，利害固然是其一端，但却不是整體。人際關係中固然有利害關係，但是，這祇是許多關係之一，而且並不一定是最重要的關係；像親情，正義，友愛等等似乎都高於利害關係，法家思想在人際關係的探討上，實在是過份强調了利害關係；而在解決社會問題所用的方法中，並不是在治本的方法，提升人際關係的層次，而是在加深利害關係，實在又是法家的缺失。

當然，法家能在動亂的社會中，看準了「變」的現象，而且設法利用「變」的機會來改革，使國家走向富强之道；這在建設的積極意義上來說，的確是有實效的，而且的確是立竿見影的。

貳、社會問題

法家最大的貢獻，都是在社會問題的發現、分析，各種表象意義上，春秋戰國時代的動亂、諸侯的割據和稱霸，仁義的被拋棄，利害關係的確立，私人利益的擴張，國家公益的消退，德治和法治的爭論，人性善惡之辯；還有就是兵荒馬亂、民不聊生的情況，都使當時一些憂國憂民之士，挺身而出，指點迷津，提出化解之道。

在强欺弱，大吃小的政治爭霸中，法家最直接的反應也就是「自强」的問題，先保住自身生存的條件，就提出富國强兵的方案。

在弱肉强食的社會問題中，由國際關係的不講道義，只有强權，沒有公理的環境中，法家所看見的，所感受到的，是迫自眉捷的生存課題，在求生存的衝動中，自强是最直接的反應。

「亂」是當時社會的現狀，而法家心目中理想的社會應該是井然有序的，卽是說「治」的。如何去亂圖治，自然就成了法家所最關心的課題。

在亂世之中，最使人反感的，就是缺乏正義，賞罰不公，執法不嚴，立法模糊，甚至沒有法制；換句話說，就是沒有一套明確的價值體系；再來就是階級的劃分，「刑不上大夫，禮不下庶人」的不平等待遇。㉚法家思想在這方面，看出了「不公」「不平」，就是「亂」的原因，因而設法透過法的訂立，透過術的運用，透過勢的推行，而使社會到達「治」的境界。可以說，的確是看清了社會問題。

在社會問題來自人爲的透視中，道家提出的順自然至於無爲的做法，以自然與人爲爲對立的

㉚ 參閱周秦漢政治社會結構之研究，徐復觀著，香港新亞研究所，六十一年三月初版，第一四——一八頁。

二極，以爲「亂」既來自人爲，那末，自然不就可以改亂爲「治」嗎？對道家的這種看法，法家採取了一半，以爲無爲的手段是對的，但是自然一節，則不敢苟同。認爲君主之所以能無爲而治，並不是順應自然，而是在做了法、術、勢之後，在人爲的各項工作都完滿之後，才足以用無爲的方式來治理國家。法家的性格，大都以爲有黃老之學夾雜其中，也就是用這種「術」來解決問題的嘗試。

法家認清的另一個社會問題，也是當時國勢衰弱的原因之一，那就是家族勢力的擴張，而且，私的勢力擴張到足以妨碍國家公的發展；如何爲公去私，也是法家諸子在看淸社會問題之後，要提出解決方案的努力目標。

叁、解決問題的方法

前面我們在論及法家對社會原理的時候，批評其不够深入；而在談及對社會問題的分析時，却以爲有許多可取之處。法家能够在事實上就事實來討論，亦就是敢面對現實，而不像儒家之一味仰望着理想，設法超越當時的情況，以理想來超度現實。法家在理想和現實二者之中，毫不遲疑地選擇了現實，作爲探討的對象；因此，它所提出的所有解決方案，都是急進的，現實可行的，帶着極少理想的色彩。

也就在這種解決問題的原則上，在理想與現實之間，就未免會出現「千秋」與「一時」的智愚之別。當然，在法、術、勢的運用上，法家的現實政治是相當有效的，其富國强兵的目的，也是指日可待的。可是，問題的核心還是要以「人」爲中心，政治社會的課題畢竟還是「人」的課題；「人」在亂世中，在生活的困境中，當然表現出其獸性的競爭原始狀態，在「求生存」中，當然會運用幾許優勝劣敗的原則，亦會傾向於弱肉强食的看法，但是，問題也就在國富兵强之後，「爭」的心態是否可以止息？或者，在「求生存」獲得某種程度的滿足之後，就有「人性」的「求仁」的理想？儒家「無求生以害仁，有殺身以成仁」的豪氣，是否更是人性的突現？也是否更能促進社會的安和樂利？

這也就是在「自强」的措施中，法家並沒有深入去思考形而上的終極問題。「强者」的結構固然重要，使一個國家强盛當然重要，但是，「爲什麼」要强？「强者」的意義是什麼？「强者」的目的又是什麼？「强者」的使命又是什麼？「强者」的意義豈是在於抵抗强權？或是更有積極的意義：去濟弱扶傾？法家在「自强」的教育和實施中，沒有把「强」的眞義把握住，而祇抓住了其中的表層，而立卽要富國强兵。果然，實踐法治的國家果眞進步神速，像「行之十年……道不拾遺，山無盜賊，家給人足」的描寫，像「內修政教，外應諸侯，十五年，終申子之身，國治兵彊，無侵韓者」的贊語，出自太史公之口，當是恰當的。但是，問題也就在於，祇有消極的、近的目標，而沒有積極的、遠的眼光，如果法家能在「自强」之上，眞的如同當代「民本」的法治社會，在强盛之同時，締造一個安和樂利的社會，那將是較理想的。也卽是說，把法家的實踐方案，作爲從弱到强，作爲從亂到治的方針，但是，不可把這些做法作爲目的，而是在「强」「治」之後，以民爲本，把「强」與「治」的成果分享給百姓，而不是仍然由君主來支配，更不是用來爭霸，以逞霸業的追逐心態。

其次論及「治」和「亂」的對立問題，「治」的表象絕不會因爲「以力服人」的情境下長久維持的，祇要百姓生活在「懼怕」懲罰的心態中，就不會感到幸福；祇要人民生活在「追求」功名利祿的賞賜中，人性的光輝就不容易發揮出來。也就因此，法家在圖治去亂的方法，都不是正本清源的，都是表面的，其「治」的眞義並不意味着百姓心中的認同，對政府的作法亦沒有內心的共識。

「人」是有情感的，法家所開展的社會，是缺乏人際關係的眞情感。像告姦之法，根本上是破壞了人際關係的仁愛互助，而爲了社會一時的安定和富强，却付出了整個的人際關係，作爲代價。在這方面，法家的作法，眞是得不償失。

再下一個的做法，就是要消除不公，要實踐「法律之前人人平等」的原則，是非常好的，這點也許是法家在解決社會問題各種措施中，最值得喝采的部份。法家的當代意義，也以此爲可以發展的部份；至於如何做到這種鐵面無私的執法措施，則是另外的問題。當然，這點法家的長處，沒有料到倒成了法家的務實性格致命的傷害：像商鞅的結局，李斯的下場，亦都由於在實踐「法」的客觀性以及其普遍性，而爲自己種下了禍根。

在與道家的「自然」和「人爲」意義的探討中，主要的還是在「誠」與「術」的分野，道家所表現的自然無爲，是心靈生命的呈現，是人與自然合一的境界，而不是法家所用的「術」，把環境中的賞罰設好了陷阱，而讓臣民不得不在利害的選擇上，去追逐名利，去躲避災禍，在這裡，法家呈現出並不重視人性的尊嚴。

最後的一個社會問題的探討，就是國家的勢力衝突，而法家爲了國富兵强，就用所有的方法削弱家的力量。這種想法，以爲家與國的二種勢力，祇有或此或彼之爭，而沒有共存的可能性，更沒有看見其相輔相成的高一層次的特性，可以說是法家智慧不足的明證：一個人如果不愛家，怎末會愛國呢？法家在這種「爲公去私」的工作上，很輕易地斬斷了人性的親情，那末，由這些無情的份子所組成的國家，其富强就必然沒有深沉的基礎。法家沒有理解到「家齊而後國治」的根本原理。

結論

對法家向來的評語，大都站在儒家的立場，以爲其沒有把握住人性的內在功能，而把人心向外追求的表象，作爲立法和執法的標準。㉛

但是，這種走出心靈而向外在勢力傾向的動向，却又與當代「民主」背道而馳。法家「法治」概念，根本上不是來自民意而立法，而是依君主稱霸之慾念來立法；其立法的宗旨不在民生樂利，而在富國强兵。當然，富國强兵與民生樂利本身並沒有衝突；但是，從法家立法所用的法、術、勢看來，基本上並沒有優先考慮民生樂利的課題，甚至相反，在君主意願的實現爲優先的原則下，是可以犧牲民生樂利的。因此，在今天「民主」和「法治」二辭不可分的情況看來，法家的社會哲學，並不是眞正的法治，因爲它缺少了「民本」的最重要因素。當然，站在法律哲學的觀點來看，把「法」看成是「天理」和「人禮」的綜合表現時，法家立法也在根本上，缺少了形而上的基礎，其歷史演變的說法也並不是在歷史的事實和事件中，找尋客觀的標準，而是先在現狀的觀察中，設定了與自然，以及與王道不同的方法，然後再用來解釋歷史演變的軌跡的。

㉛ 就如梁啓超在其「先秦政治思想史」（賈馥茗標點，東大圖書公司，民國六十九年六月）第一七三頁：「法家最大缺點，在立法權不能正本淸源。」又如勞思光在其「中國哲學史」（同註一一）第三〇三頁：「法家之思想……能破壞，自己實不能提供一文化路向。」

也就在這種歷史演變的設定之下，以之作爲「天理」，而導引並支持「不隨適然之善，而行必然之道」。以歷史演變的軌跡，來支持「勢力」的時期已到，然後再回到原則上的「行必然之道」；但是，問題也就在於這種「必然之道」的「天理」，究竟與「人禮」有什麼關聯？是否在立法和執法的過程中，「天理」可以是違反「人禮」的？如果法家在這種辯論中，提出「性惡說」，以爲「人禮」已經敗壞，已不足以組成治的社會；而且，人性的向惡傾向，亦已經蒙蔽了「天理」，則仍然存在着極大的疑問；那就是：法家諸子又如何知曉那「必然之道」呢；性惡論本身就很難解釋心性能分辨善惡的眞象；性惡論本身亦更難解釋人際關係中的人倫、社會中的善事。當然，筆者在這裏，並不是要偏向於「性善說」，但是，人的心性有善念的根源，「人皆可以爲堯舜」（孟子告子下）的可能性，並不是可以抹殺的。有關人性的課題，太偏於性善故然不對，同樣，太偏於善惡，亦屬不當；還是像孔子執中的態度，以「性相近也，習相遠也」（論語陽貨篇）較爲恰切；因爲其開放給向善向惡的兩種可能性。

今天，我們用冷靜的頭腦對法家作一公正的批判，當然不是件易事，但是，站在學理的立場，法家執法的精神，是非常值得讚許的。雖然，在其立法的根本理念上，有許多不精確的地方。還有就是，針對當時戰國的狀況，儒家的努力是要以有敎無類的方式，把禮義的敎化，普及到一般百姓身上；而法家的工作，則是要把刑法的制約，也加到貴族以及大夫的身上，二者的努力都是值得喝采的，同時亦都是從亂到治的正確道路，㉜站在這種高層次的文化層面來看，儒家與法家的社會哲學，實在可以在某些地方相輔相成。

當然，如果法家立法的基礎再衡量一下「人禮」，使其在於與「天理」相通的部份（至少在心性向善的部份）一併列入考慮；而其次才彰顯出嚴刑峻法的實行，「治亂世用重典」的原則；而把權謀的部份，改成「以德化人」的仁政，這也就是儒、法二家的相結合；既可以免除儒家作法的緩慢，又可以減少法家的殘酷，實爲理想政治的開端。當然，「法治」在這裏的意義就已經不完全是法家的，因爲已除去了「術」與「勢」的副作用，而眞正達到「民本」「法治」的理想了。㉝

㉜ 參閱「中國法學之歷史概觀」，吳經熊著，中國文化季刊第一卷第四期，第二三頁。

㉝ 參閱「中國政治思想要略」，方東美著，輔仁大學哲學論集第三期，民國六十二年十二月，第五〇頁。

附參考書目

1 韓非子。「二十二子」第七冊，先知出版社，民六十五年版。
2 商君書同前第六冊。
3 管子同前第五冊。
4 荀子同前第四冊。
5 愼子新編。「諸子集成」第五冊，世界書局版。
6 楊家駱主編。「史記，新校本史記三家注」並附編二種。鼎文書局，民六十九年三月三版。
7 「漢書」。鼎文書局，民六十六年十二月再版。
8 錢穆：「先秦諸子繫年」。香港中文大學出版社，民四十二年。
9 梁啓超著，賈馥茗標點，「先秦政治思想史」。東大圖書公司，民六十九年六月。
10 唐君毅：「中國哲學原論原道篇」。卷二。新亞研究所出版，學生書局，民六十九年一月四版。
11 蕭公權：「中國政治思想史」。華岡出版部，民五十四年初版，六十九年一月四版。
12 陳啓天：「中國法家概論」。中華書局，民五十九年二月初版。
13 熊十力：「韓非子評論」。學生書局，民六十七年十月初版。
14 王邦雄：「韓非子的哲學」。東大圖書公司，民六十八年九月再版。
15 宇野精一主編，林茂松譯：「中國思想之研究」。㈢法家部份。幼獅文化事業公司，民六十八年七月再版。
16 張素貞：「韓非子思想體系」。黎明文化事業公司，民六十八年二月再版。

論文部份

1方東美：「中國政治思想要略」，「輔大哲學論集」，第三期。民六十二年十二月，頁三五—五〇。

2吳經熊：「中國法學之歷史概觀」，「中國文化季刊」，第一卷第四期。民六十九年十二月。

3吳經熊：「中國法律與政治哲學」。黎登鑫譯。「中國文化論文集」。東海大學哲學系主編。幼獅文化事業印行，民七十一年十一月，頁四一三—四三三。

4王邦雄：「從韓非人性觀點論其政治哲學之偏差」，「輔大哲學論集」，第八期。民六十五年十二月，頁九六—一二二。

5雷渝齊：「韓非論法」，「人文學報」，第三期。民六十七年四月，頁四三—五七。

當代中國人的是非善惡判準

是非善惡的課題，在今天，是當代中國人，是你和我都遭遇到的切身課題。一方面，我們大家都有文化復興的心願，悲痛世風日下的道德淪喪，而極力擁護中華復興運動的措施，主張發揚中國道統，主張發揚「禮讓」的美德，另一方面，你和我都感受到，切身問題的「生活素質」的提高，需要和外國人競爭，甚至不惜用各種技巧去賺錢。

也就在這傳統的「禮讓」與當代的「競爭」中，你和我都感到徬徨，感到被撕裂的苦痛。究竟要度一個理想的、仁愛互助的生活呢？還是很現實的去過競爭的生涯？

臺省的目前現象，也就在這兩種心態中徘徊：在認同傳統道德的規範，以及向當代現實低頭。

主張一切以現實爲準的社會學科的人們，會很容易以傳統德目原屬農業社會，而今天已是工商業發達的社會了，道德規範也就應當改變了，來解釋當代是非善惡的標準，應當以競爭、以經濟、以功利、以實用爲原則和尺度；甚至無視於具體社會中的情形：爲了賺錢，不惜欺騙；爲了功名，不擇手段。

但是，仍然抱持着理想生活的有志之士，亦頗不乏人，他們總覺得，是非善惡的原則不變，祇是在實踐的方法上有所差異；就如「擠公車」雖然是現實，但是，「排隊」的提議總是需要的（在法治社會中），甚至，提倡「讓座老弱婦孺」，也總是高尚的（在道德的理想社會中）。雖然「空頭支票滿天飛」是不爭的事實，可是「講信用」仍然是做生意的根本之道，極應提倡和推行。

這些認同傳統的人，主張在法治社會中，應該以倫理道德補政令的不足，以爲道德可以救中國，乃至於可以發揚中國道德，去救世界。

當然，用理論去解釋事物，一切都不成問題，難題在於實踐，以及實踐的動力。我們都認同：做官的要清廉，做生意要講信用；我們都相信：施比受有福；我們都從心裏尊敬，那些行善不欲人知，只顧耕耘不問收穫的高尚精神。但是，在現實和理想的衝擊中，有許多事情並不那末單純，就像：

媽媽叫小華：「快幫媽洗碗！」小華回答：「不成！我明天要考二十四孝，現在要溫習！」幫媽媽洗碗是孝，可是學校又要考試，小華怎麼辦？誰都會說，沒關係啦，反正媽媽是天下最偉大的，她準會諒解小華，讓她不必洗碗，而好好溫習功課，考個滿分回家。

小孩子的事有媽媽負擔，大人的事呢？

張三是個小公務員，省吃儉用的好不容易貸款買了間小房子，二房一廳；同時費了不少力量，說服了老父老母，不要再作多子多孫的夢，而依照政府的提議，生了一男一女。當然爲小倆口加上兩個小寶貝，小房子也勉强可以住，也算得上舒服。可是，張三總覺得要盡孝，最好把父母接來養天年，然而，房子的確太小。張三怎麼辦？

如果你是郵政局長，在決定寄往香港和澳門的郵資時，一方面覺得要廢除不平等條約，港澳應是中國領土的一部份，郵資當然是國內；但是，另一方面你又發現，一個寄往香港的空郵郵包要一千多元港幣，如果照國內信郵資，豈不虧本？當代的經濟政策似乎又不容許有虧本的行爲。把港澳當作國外吧，良心又不安；當國內吧！又要面對經濟的質詢；你怎麼辦？

從上面的「你怎麼辦？」「小華怎麼辦？」「張三怎麼辦？」的問題，導引出當代中國人，你和我的是非善惡判準的課題。

「怎麼辦」的問題要求良知的抉擇答案，是倫理道德的課題。

現就請分三個面向來探討：

一、是非善惡判準的歷史發展

世界上任何一種民族文化，都是從傳統中成長出來的，沒有傳統就沒有現代。中國原是道德文化的國度，我們要探討當代中國的道德問題，自然要從傳統的歷史談起。

一、在中國早期著作記載中，三皇五帝等人所提供的服務人生觀，完全是爲了解決民生問題，而無條件地貢獻了自己的心力，根本沒有必要去分辨是非善惡，而是直接地按着良知去行事。順天應人是當時社會領袖行爲的準則。

二、到了春秋時代，聰明才智高的人開始不安份，「臣弑其君者有之，子弑其父者有之」，於是，諸子百家出，分辨是非善惡，訂定道德標準，提出聖人和君子的尺度，以爲順天應人才是善，而逆天害人便是惡，提出行善避惡的倫理範圍。

三、當道德哲學由於儒、道二家的沒落，無法提供行爲的動機時，有佛敎的輪迴報應學說，東來中土，補足了修身的基礎。於是儒道釋三家融滙貫通，陶冶着中國人的心性，都以道德生活來規範人生。

四、近代以還，西洋十九世紀末流思想的唯物、實用、實證、功利、進化、共產，在在都以工商業的姿態，衝擊着中土；民主和法治雖在「避惡」的層次上，做了不少工作；但是，消極的避惡如果沒有積極的「行善」來補足，社會的發展，人生的眞義，還是成爲沒有根基的。西洋末流思想所帶來的，是競爭代替了互助，仇恨代替了友愛。中國本身從農業社會設法走向現代化的工商業社會，多少採取了競爭的生活模式，尤其在錯懂了人權的法治思想，變成了個人主義之後，配合着大家庭制度的沒落，而小家庭制度的興起，於是造成了今天民族意識、國家意識的低潮；其根本的道德觀念，多少與傳統脫了節，於是才有另一面的復興文化運動。

二、是非善惡判準的內在涵義

從上面歷史發展的線索中，我們當然不會懷疑人類對倫理道德的意識，但是，倫理規範是否絕對的，或是可變的，甚至，個人是否要負是非善惡的責任，都將是問題。在這內在涵義中，我們不妨抽樣來探討，現就請以孟子的性善說，以及荀子的性惡說作基礎，來看是非善惡的判準。

性善說所依據的是德治和王道，是理想型，而且是鼓勵性的，希望透過「四端」的啓發式敎育，來存天理去人欲。從消極的「己所不欲，勿施於人」，到達積極的「己欲立而立人，己欲達而達人」，主要是在鼓勵「行善」。

性惡說則以完全現實的觀察，從社會敗壞的現象中，覺察出「以德化人」的力量畢竟有限，主張「以力服人」，但又同時反對暴政，於是有「法治」的設計，用制度，用環境的改造，用敎育的方法，主要的是在「避惡」。

無論孟子的「揚善」，或是荀子的「避惡」，都同樣認同是非善惡的標準：一在修己，一在成人；而且，修己和成人都在發揚「君臣、父子、兄弟、夫婦、朋友」之間的人際關係，亦卽「正名」的倡導，希求從人際關係的改善，能造福國家民族，而其進程則是修身、齊家、治國、平天下。

從性善說導引出來的積極行善，加上佛教的大慈大悲心腸，就構成了「施比受有福」，提供了「只顧耕耘，不問收穫」的「仁愛」及「互助」的人生觀，結論出「禮讓」的做人態度，配合着道家樂天的情懷，希望達到政治社會中的「垂衣裳而天下治」的景象。

從性惡說所導引出來的「避惡」努力，的確可用到工商業社會中的法治信念，加上西洋法治民主的思想衝擊，在個人的爭取自由、爭取平等的「正義」努力中，的確有非常大的貢獻；工商業社會中個人權利的爭取，國際正義中民族自決的奮鬪，都是當代不可或缺的概念。

道德內在涵義的課題，因而就是競爭和禮讓的抉擇，也是德治和法治間關係的釐清，在「爭」與「讓」之間，孰是孰非？在「德」與「法」之間，孰善孰惡？

這就導引出第三部份。

三、是非善惡判準的當代意義

在內在涵義的探討中，我們還是看到了「良知抉擇」才是取捨的標準，也是是非善惡的判準。良知在第一線上所直覺到的，是「行善避惡」，好事應該做，壞事應該躲避。現在，問題不在於這原則的訂立，而在於道德哲學的第二步工作，即是分辨出是非善惡。

如果突破孟子的性善，以及荀子的性惡，而回到孔子的「性相近，習相遠」，則顯然地從靜態走向了動態。而動態的人生也正符合了 國父孫中山先生的學說。

原來，繼承中國道統，又採取西洋精華的三民主義學說方面有「習相遠」的看法，他方面又有西洋宗教的「博愛」情操。於是，在從物到獸，從獸到人，從人到神的進化學說中，認清了物質進化，物種進化，人類進化的漸進原則，更在這原則中，區分出「競爭」和「互助」的原理。以爲物種進化的從獸到人，可以用弱肉強食的競爭，但是，既成人形，就應當服膺仁愛和互助，而進入神聖。這種進化論的「擺脫獸性，發展人性」，甚至「消滅獸性，產生神性」，也就是人性發展的標準；因而，進化論的科學探究，人性論的道德探討，都能在這裏釐定出是非善惡的標準。

主張並實踐競爭、鬪爭、仇恨者就是惡；主張並實踐仁愛、互助、禮讓者就是善。這是高層次的原則。

落實到具體生活時，競爭祇是爲了互助，爲了仁愛。就如一隻母鷄，竟然敢於和老鷹打架，爲什麼呢？那是爲了保護小鷄，爲了「愛」小鷄；沒有小鷄作爲愛的對象，母鷄就失去了和老鷹打架的動機，也就絕不會和老鷹拼命了。

在工商業的社會中，競爭是必需的，但那是方法，是過程，互助和仁愛才是目的。

在工商業社會中，法治的避惡是需要的，但是，道德和宗教的積極行善却更需要。國父的「以宗敎補政令的不足」，也正是有先見之明。具體社會中所表揚的好人好事，當然有激勵和鼓舞作用，但是，宗敎所提倡的「行善不欲人知」，仍然是最高的善。

道德在科技發展中，仍然佔有基礎的份量，就如傳統「仁民愛物」的原則，在今天你我都感受到科技對自然的污染，對能源的枉用，甚至威脅着人類的生存時，就更顯出是智慧高峯。原來，人與自然是不可分的，科技盲目地開發自然，破壞了自然之後，人生亦受到影響，自然污染，人生也遭受困擾，如果自然被毁，人類也就沒有立足之地了。佛敎對萬物的慈悲，的確可以拯救和敎導由科技所引進的錯誤。

今天，文化交流頻繁的時刻，天下事都在影響着每一個國家、每一個民族、每一個家庭、每一個人。個人的權利，國家民族的意識，人類死亡的憂患，都在成爲大是大非的標準批判，究竟一些反常的現象，其判準如何，並不單靠某一種立場就可解決的。譬如剛才提到的例子：小華怎麼辦？或是，張三怎麼辦？或者，郵政局長怎麼辦？等等諸如此類的問題，其實都是中國本身的大是大非問題，我們無法單單在教育制度下，去責備小華所學的二十四孝，不能在具體生活中幫媽媽洗碗；亦無法責備國宅的主管官員，沒有兼顧孝道；當然亦不能把港澳郵資的原則，歸罪於郵政局長。因爲這些事都不是正常狀況下發生的，都是因爲中國沒有統一，都是由於半個世紀來，崇洋媚外的心態中，引進了唯物以及共產的思想，把中國分裂了，才使得當代的中國人流離失所，在過着許多原非自願的生活模式。我們祇要想一想，如果反攻大陸，如果共產主義被逐出中國，小華的問題還存在嗎？張三的問題還存在嗎？港澳的問題還值得談嗎？或者，正如目前有不少人士批判的人才外流問題：老大在賓西威尼亞，老二在加里福尼亞，而二老孤零零地在彰化，還會存在嗎？

我以爲當代的許多理論和實際不相符合的問題，大半是由於環境所造成，其眞正禍首是共產主義，我們在解答是非善惡的判準上，　國父孫中山先生的進化學說，的確能貫通中西，而且承接傳統。唯有它才能眞正指出共產主義的邪惡，亦唯有它才能復興中華文化，救中國，乃致於救世界。

三民主義與社會哲學❶

緒論

社會哲學所探討的課題，是給予社會原理奠立，以及社會問題解決的具體措施，提供理論的基礎。而這理論基礎的回溯，直指人性，尤其是人天生的群體性和社會性，以及發展此種性質的個人基礎；更重要的，是要發掘出人性存在的最終原因，以及其行爲的原理原則；而在另一方

---

❶ 這裡說的三民主義是　國父孫中山先生學說的總稱。這學說由　國父創建，先總統蔣公繼承，融滙了中華道統、西洋精華、　國父創見。這裡說的社會哲學是文化哲學的一支，是文化哲學中橫截面的內容架構，與另一支的歷史哲學——文化縱的發展，合爲文化哲學。參閱 Alois Dempf，*Kulturphilosophie*，*Philosophische Fakultät*，München HSV 198／1, s. 3.

面，這理論基礎的指標，却是針對歷史哲學所指示的，人類文化理想的終極，那就是「天下爲公，世界大同」的「太平世」。「太平世」遠景的描寫，也就成了社會發展的藍圖。在三民主義理想下的社會，站在大處去看，是透過「以建民國」，以達到「以進大同」的理想。

有關人類社會發展的終極目標，原是與歷史哲學相輔相成的。世界上幾乎所有古老的文化，都有這種文化的理想，同時亦都在某種程度上，描繪了心目中的未來遠景。像中國的「太平世」，西洋柏拉圖的理想國，基督宗教的人間天國，都是對歷史的信心，以及對社會的理想描繪。而在這歷史和社會交互形成的文化，都呈現出其指導原則的堅定，以及實踐方案的選擇。「太平世」是中國文化的目標，而其指導原則是「天下爲公、世界大同」；要達到這終極目標，就有「修、齊、治、平」的漸進的實踐方案；西洋柏拉圖哲學的社會理想是「理想國」，其指導原則是「正義」，而其實踐方案則是透過教育和制度，突破家庭界、民族界、國家界、種族界，而進入世界主義的理想中；基督宗教的文化理想是「地上天國」，其指導原則是「信仰」，而實踐方案，則是人際關係中的「博愛」。

以「修身」爲始點，爲實踐方案的社會，其文化模式就是倫理道德爲主的哲學架構，這是中國社會的特色。西洋社會，集合了希臘的「正義」，以及希伯來的「博愛」，而終於發展成法治的文化模式。

世界文化的發展，於今已有三千年的文字歷史記載：在最初的一千年中，各種文化單獨發展，而前兩千年開始文化的大滙通形成了西方與東方兩大主流：西洋是基督宗敎融洽了希臘、羅馬文明，中國則是儒道貫通了印度來的佛敎；及至當代，孫中山先生又以其特有的稟賦，設法融中、西於一爐，而從「以建民國」，走向「以進大同」的社會。

因此，融道德文化與法治文化爲一的構想，也就是三民主義社會原理的根本思考；同時，要推行這種適應於全世界全人類的社會架構，就必須有社會哲學作爲理論的基礎。本文的寫作動向，因而也就擬定爲：首先對「社會」概念的釐清，設法探究出：社會組成份子人與人之間的人際關係，以及組織原理，乃至於各種學說的探討。這當然是入門工作；進一步，直指「社會原理」部份，突現出民生史觀來融通中西社會原理的工作。在原理部份的探討結束時，自然就出現許許多多社會的具體問題，本文也就提綱挈要地，依照原理篇的原則，一一加以疏釋。最後，以對未來社會的遠景，指出三民主義學說的前途，指出其「以建民國」統一中國的必然性的信念，更而指向「以進大同」完成「太平世」的歷史終極。

壹、社會哲學

一、社會的意義：國父孫中山先生在民族主義第一講中說：「社會兩個字，就有兩個用法，一個是指一般人群而言，一個是指一種有組織之團體而言。」❷這兩種意義都是指的，由個人所組成的群體。在軍人精神教育一文中，亦說：「社會者，卽分工之最大場所也。合農、工、商等等各種組織，而始成一大社會。」❸這以分工合作之組織立場，更淸楚地指出了社會之功能。

二、社會學：國父在民生主義第一講中說：「社會學的範圍，是研究社會的情狀，社會的進化和群衆結合的現象。」❹在社會主義之派別及批評中也說：「研究社會之起源，及社會之變遷，種種之狀態現象，皆屬於社會學之範圍。」❺因而，把社會當作學問來研究，研究其起源、變遷、現象、狀態、進化、構成份子等等，換句話說，就是研究社會原理，以及社會問題。

三、社會哲學：前面的社會學可以是用「觀察」的方法，看社會原理與問題；而社會哲學則是要用「判斷」來深入社會原理以及社會問題中。❻無論社會學中的起源課題、發展課題、目的課題、組成課題，都用「判斷」的眼光來探討，就成了社會哲學。在社會主義的派別及其批判中，國父孫中山先生提出了各種哲學派別，來闡述社會的種種；而對這些派別的探討，大都針對社會變遷所採取的原理，其中特別擧出了馬克斯、共產主義、天然淘汰等學說，並且一一加以

---

❷ 民族主義第一講。
❸ 軍人精神教育。
❹ 民生主義第一講。
❺ 社會主義之派別與方法。
❻ 民權主義第一講。

研討，批評，駁斥，補充，進而提出民生史觀的社會哲學。

貳、社會原理

在社會哲學的最根本課題中，社會原理是最先要提出來探討的。它要解答人與人所組成的群體，在生活中如何共處之道；而且，更進一步，指出爲什麼要共處，爲什麼要如此共處的道理。

在今天，社會科學正在多方面發展的時刻，人們已經感受到「求生存」分工合作的重要性；而且其中的商業競爭，以競爭來求生存的事實，亦是無庸置疑的；但在另一方面，以合作互助來保證群體的生存和發展，亦是一件不能否定的事象：因而，如何在競爭中充份合作，如何在合作中促進競爭，原是當代社會生存和發展的核心課題。

但是，爲什麼要生存？爲什麼要透過競爭和合作來生存？這就有賴於更深入的探討。

一、歷史終極作爲目標：上面緒論中已經提到了文化指導原則的「太平世」，而且亦引用了禮記大學篇的修、齊、治、平的漸進方案。國父孫中山先生在實際政治進程中，用「軍政──→訓政──→憲政」，作爲實踐方案❼；在同樣的三段進程中，先總統蔣公在育樂兩篇補述中，也

❼ 中國之革命，以及建國大綱，都述及這三階段的革命過程。

提出了「據亂世─→昇平世─→太平世」的方案❽。而這種歷史的進程是縱的發展，而文化橫的內涵，則是社會的描寫，亦卽 國父手書的禮記禮運篇：

「大道之行也，天下為公；選賢與能，講信修睦。故人不獨親其親，不獨子其子；使老有所終，壯有所用，幼有所長，矜寡孤獨廢疾者皆有所養；男有分，女有歸；貨惡其棄於地也，不必藏諸己；力惡其不出於身也，不必為己。是故謀閉而不興，盜竊亂賊而不作；故外戶而不閉，是謂大同。」❾

禮運篇的核心在於「公」與「大同」，卽是「天下爲公」與「世界大同」。這是人際關係的最高理想，而這理想的落實描寫，也就在賢能的政府，信睦的人際關係，各盡所能，各取所需，互助合作，以及自然界的風調雨順，人爲界的國泰民安。

這種歷史的終極目標，是用社會的描述作爲內容的。但是，歷史和社會都是在發展、在進步、在進化，而不是靜態的東西。

二、進化的社會：國父孫中山先生是專業的生物學家，起先對達爾文的進化論很有興趣❿，後來經過中華道統以及基督信仰的注入之後，强化並補足了進化論，而在其所著孫文學

---

❽ 民生主義育樂兩篇補述。
❾ 禮記禮運。
❿ 自傳：「雅癖達文之道」。

說，軍人精神教育，國民以人格救國等篇章中，完成了其進化思想體系。在進化的分期中，首從太極進化到地球的物質進化，次由先元漸次進化到人的物種進化，最後是由人到神的人類進化。而這第三期由人到神的進化，其最終目的，　國父就直接指出：「孔子的『天下爲公』，耶穌的『爾旨得成，在地若天』⑪」；這也正是中、西文化滙通的地方。

這種到達「天下爲公」，以及「爾旨得成，在地若天」的描寫，也祇是歷史哲學的信心，而不是對社會形成原則的記述。對社會原理的記述，也就在孫文學說中展開了討論。最重要的就是：物種進化可以是以競爭爲原則，亦即是說，從獸到人的進化，可以是物競天擇的，弱肉強食的；但是「既成人形，當從人形更進化入於神聖」⑫，而從人到神的進化，其原則就是互助。而人的社會整體，都是從人到神的第三期進化；因而，進化的社會原則是互助。

加上「三民主義的哲學基礎是民生哲學，而仁愛是民生的基礎」⑬，就形成了社會指導原則的「仁愛」和「互助」。

在　國父孫中山先生的進化論中，無論其分期、原則、目標都屬上乘，都超乎了西洋進化論

⑪ 孫文學說第四章。
⑫ 國民以人格救國。
⑬ 參閱三民主義之體系及其實行程序。又戴季陶著「孫文主義之哲學的基礎」，三民主義哲學論文集，中央文物供應社出版，民六十七年五月二十日第二一頁。

的架構和內涵。可是在哲學的探討上，從太極一直發展到神的進化，在社會的前瞻中固然是「天下爲公」，或是「地上天國」⑭，但是，其形上基礎是什麼？太極的始點與神的終點相互之間有什麼關係？ 先總統蔣公在其專精研究哲學之後，提出了答案，那就是在「太極」和「神」之間劃上等號，以爲 國父孫中山先生在進化論開頭所說的「太極」，也即是中國哲學中的「天」或「上帝」，也就是西方宗教所說的「神」⑮。這末一來，整體的進化架構是一條循環回歸的路線，從神開始，回歸到神。進化的宗教性、道德性、哲學性，在 先總統蔣公的哲學中，都包容無遺了。⑯

三、服務的人生觀：因爲人類的進化不以競爭爲原則，而是以互助爲原則。這互助的意義顯然的就是用中華道統的「仁愛」，以及西洋基督宗教精華的「博愛」。因爲，人的聰明才智天生來就不平等，但是，人性的出發點却應該是平等的；於是 國父提出了補救的方法。

「我從前發明過一個道理：就世界人類得之天賦的才能，約可分為三種：一是先知先覺的，二是後知後覺的，三是不知不覺的……天之生人，雖然有聰明才力的不平等，但人心

⑭ 同⑪。
⑮ 解決共產主義思想與方法的根本問題。
⑯ 參閱鄔昆如著「三民主義的進化理論」，文化哲學講錄(二)，東大圖書公司出版，民七十一年十一月，第一七七頁。

必欲使之平等，這是道德上的最高目的……要調和三種的人，使之平等，則人人應該以服務為目的。不當以奪取為目的。聰明才力愈大的人，當盡其能力，以服千萬人之務，造千萬人之福；聰明才力略小的人，當盡其能力，以服十百人之務，造十百人之福……至於全無聰明才力的人，也應當盡一己之能力，以服一人之務，造一人之福。照這樣做去，雖天生人的聰明才力，有三種不平等，而人由於服務的道德心發達，必可使之成為平等了。」[17]

先總統　蔣公在其革命與服務之要義中，承傳了　國父的旨意，提出了「革命就是犧牲，犧牲就是服務」，甚至更進一步，指出：「服務卽生活，生活爲服務」。[18]在別處也强調：「一切教育都養成服務的精神」[19]，尤其在引用童子軍信條，以及黨員守則時，更結論出「足見『助人』與『服務』在社會生活中的重要性」[20]。

因此，三民主義社會的景觀，不但是未來的「太平世」指導原則，也不但是抵達此最終目的的「修、齊、治、平」的實踐方案；而且更提出了人際關係的仁愛、互助，以及爲實踐仁愛、互助的服務的人生觀。

---

[17] 民權主義第三講。
[18] 革命與服務之要義。
[19] 如何加强官兵教育。
[20] 童子軍教師應有之認識與努力。

四、精神生活爲主導：在這種服務的人生觀體系中，哲學的探討還要再進一步，問及「爲什麼」的最終課題；當然，在三民主義進化論中，已經指明了動態的宇宙和人生，而在人生中是要「擺脫獸性，增多人性」，甚至「消滅獸性，發生神性」，而指出了「從人到神」的進化前瞻㉑。但單就在這動態的前瞻中，也就有足够的理由，去參與仁愛、互助，乃致於博愛，服務的行爲。但是，在動態的人生和宇宙，仍然需要靜態的形而上思想作爲基礎。那就是三民主義本體論的體系。

誰都知道國父孫中山先生開創了「心物合一論」，以爲宇宙萬象都是精神和物質合成的，而且是「本合爲一」的㉒。但是，國父並沒有繼續發揮「心物合一」的解釋。可能會使人誤解爲「心物並重」、「物體心用」、「心物並存」等等㉓。先總統蔣公經過了特別的研究，把「心物合一論」結論成「視心重於物」的定案㉔。原來，先總統是在多年的反共經驗中，認清了唯物論的邪說，以及找出了破解邪說的良方，那就是他所著「解決共產主義思想與方法的根本問題」，文中先「破」共產唯物邪說，後「立」心物合一的哲學基礎。

㉑ 同⑫。
㉒ 軍人精神教育。
㉓ 參閱鄔昆如著「三民主義形上思想之發展」，中央研究院三民主義研究所專題選刊，第三十六，民六十九年六月，第一九頁。
㉔ 同⑮。

「視心重於物」的「心物合一論」，不但在實用上足以破解唯物無神邪說，而且在理論上是仁愛互助、博愛服務的基礎。因爲人生的基本是精神生活，是視心重於物的生活，這樣，各種學說的出發點，就必須以精神生活爲重，才符合三民主義的眞精神。

五、民生史觀：這種「視心重於物」的本體，透過仁愛、服務，就足以解釋三民主義各部份的設計。首先就是「求生存」的課題。在達爾文式的進化論中，「求生存」是要透過「物競天擇」的，透過「弱肉强食」的， 國父孫中山先生把這種方式局限到「物種進化」的範圍，而以爲「人類進化」在「求生存」之上，還有「求仁」。「物競天擇」祇表明了人類獸性的一面，而「仁愛互助」則是人類人性的開展；甚至，神性的發生則更升級至「博愛」之中。仁愛的民生，服務的人生，互助的社會，才是三民主義社會哲學的理論和實踐。由這些心靈的基礎出發，才眞正能解決民生問題，也唯有瞭解並實踐「無求生以害仁，有殺身以成仁」㉕的原則，才符合邁向「太平世」最終目標的道途。

也就在「求生」之上，安置了「求仁」的層次，這就架構了三民主義政治和社會設計的最重要內容，就如：

在民族主義方面， 國父孫中山先生的起點固然是漢民族主義，但是，絕不陷入於種族主義

㉕論語衞靈公。

之中，而是要突破種族，走向五族共和的中華民族主義中㉖；更進一步，亦不固守在中華民族，而是開放給大亞洲主義；甚至，更進而走向世界主義的「世界大同」之中。

這樣，「求仁」意義的開展，突破了自身生存，自身完美的君子，而是走向兼善天下的聖人境界。

在民權主義方面，用權能區分的理論，以政府有能，人民有權的設計，一方面指陳出當代民主法治，以實現「民本」的信念；另一方面則是，承傳傳統政治領袖「賢與能」的基本條件，來促進「民本」的落實。「民本」精神的強調，無疑地是政府愛民的表現，是聰明才智高的人，以及强權的人，肯放棄自己的權利，而以服務犧牲的精神，來參與人群社會的共同生活。

在民生主義方面，無論是平均地權、節制資本，或是「富」與「均」，都在解決人民的食、衣、住、行、育、樂的課題，而且都極力邁向各盡所能，各取所需的均富景象。

無論是民族，或是民權，或是民生，都是由個人到家庭，到國家，到世界的縱的開展，而其內涵則是仁愛、互助、服務，期使每一個人，每一個家庭，每一個民族，每一個國家都生活得美滿、幸福，度一種風調雨順、國泰民安的生活。

這生活的描寫也就是禮記禮運篇，孔子所謂的「天下爲公」，或是耶穌基督所謂的「地上天國」。

㉖ 參閱陳曉林著「民族主義與自由主義在現代學理上的衝突與調和」，中山學術會議論文。民七十年九月廿七至三十日。

叁、社會問題

前面部份論及了社會原理，這是三民主義社會哲學的指導原則，是社會如此發展的最高理想。面對這理想，問題的重心是，如何去實現這理想。

但是，社會問題中，眞實呈現出來的，固然在實踐上有許多困難；但最大的困難，還是對社會原理的認同和共識問題。國父孫中山先生所提倡的「知難行易」學說，先總統蔣公所倡導的「力行哲學」，目的都是在建設社會的實踐上着手，也就是在社會原理的原則下，來實踐社會中各種具體的建設計劃。

一、缺乏力行：也就因爲社會原理中的形上基礎的仁愛、互助、服務，都具有實踐性，貴在實行；而傳統的「非知之艱，行之惟艱」的說法，積習太久，變成「坐而言，不能起而行」的習性，甚至達到「不知因不欲行，知之又不敢行」的心態。因而，孫文學說自序中卽提出：「革命初成，黨人卽起異議，謂予所主張者理想太高，不適中國之用……思想錯誤『知之非艱，行之惟艱』……非不能也，不行也；亦非不行也，不知也。……故先作學說，破此大敵。」㉗接着，

㉗ 孫文學說自序。

國父用了八章的篇幅，論證出「行易知難」的理論與實際：從最簡單的日常生活事情開始，一直講到宇宙人生之奧秘，都在指陳「知之惟艱，行之非艱」的眞諦。心理建設的目的，就是「乃能萬衆一心，急起直追，以我五千年文明優秀之民族，應世界之潮流而建設一政治最修明，人民最安樂之國家。」[28]並且「遵奉 總理『知難行易』的學說，實踐力行，來建設三民主義的新中國，完成國民革命的偉大使命。」[29]

思想形式上的「不知因不欲行，知之又不敢行」，也就是建設社會的最大阻力。

二、均富問題：思想形式上的「知易行難」，是可以用理論的「知難行易」去消解的；但是，社會中自從西洋的工業革命之後的變化，却在經濟問題上顯出「不均」的流弊，這是嚴重的社會問題，也同時是民生史觀必須面對的問題。國父孫中山先生就論及：「社會問題，在歐美是積重難返，在中國却還在幼稚時代。但是，將來總會發生的；到那時候，收拾不來，又要弄成大革命了。……將來中國要到這步田地，才去講民生主義，已經晚了。……況且中國今日，如果實行民生主義，總較歐美容易得多；因爲社會問題是文明進步所致，文明程度不高，那社會問題也就不大。……文明有善果，也有惡果，須要取那善果，避那惡果。歐美各國，善果被富人享盡，

[28] 孫文學說自序。
[29] 總理「知難行易」學說與陽明「知行合一」哲學之綜合研究。

貧民反食惡果；總由少數人把持文明幸福，故成此不平等的世界。」㉚這是指出經濟不平等的情況，而這情況的惡化，是會造成大問題的：「現在歐美兩洲……試看他們國內的平民，受資本家的壓制，窮人受富人的壓制，甚麼煤油大王，鋼鐵大王，鐵路大王，一人之富可以敵國；那般平民和勞動者，連麵包都找不到手，這是何等不平等的景象呢！因爲這種不平等的現象，所以歐美現在便生出貧富不均的大問題來了。這項問題便是社會問題，解決這問題的道理，就是民生主義。」㉛

貧富不均的大問題所引起的，已經不是「如何實踐」的課題，而是導引出社會原理的動搖，而終於催生了唯物共產的思想。馬克斯的唯物論，是哲學上派別的名詞，這唯物論落實到政治社會時，就成了共產主義。

國父早就看透了這點，他說：「馬克斯以物質爲歷史的重心是不對的，社會問題才是歷史的重心；而社會問題又以生存爲重心，那才是合理。」㉜

以物質爲歷史的重心，終致導成社會病態，而無法正常地去研究社會問題，也更因此，無法解決問題。國父說得好：「馬克斯是病理學家，不是生理學家。」㉝亦就是說，馬克斯祇看見了

㉚三民主義與中國民族之前途。
㉛三民主義爲造成新世界之工具。
㉜民生主義第一講。
㉝同上。

社會的病態，而沒有注意到社會的常態；或者說，馬克斯祇知道了社會的弊病，而不知道社會發展的生命力。這點，可以在馬克斯和恩格斯在一八四八年的「共產宣言」的預言中看出；宣言預言未來的無產階級革命，必然在法國和英國；但是，事實上，英法兩國都由於社會福利的發展，逃過了共產革命的浩劫。

目前，全人類的最大問題，也就是共產主義赤化了許多地區，赤化了許多國家，奴役了許多人民。而共產社會之所以成爲人類的浩劫，則在於它的社會哲學原理的錯誤，而由這原理的錯誤催生了實踐的錯誤。

中國的社會問題，早已從 國父口中預言出，果然不幸而言中，共產主義遺害着我億萬同胞。

三、指導原則的把握：大陸共產主義的浩劫，一直催促着國民政府意識到救國救民大業尚未完成，國民革命仍須繼續進行。台澎金馬的勵精圖治，一直在向全世界展示三民主義建設社會的成果。三民主義社會的成果固然在物質建設部份，有極顯著的表象，但是，更重要的，却是展現在現象背後的精神；這精神就是 國父民族主義的精神：從漢民族主義到中華民族主義，到大亞洲主義，到世界大同；亦即是說，反共基地的社會建設，一直在朝向人類進化的總目標「天下爲公，世界大同」，是朝向世界主義的，是從「以建民國」達到「以進大同」的。關於這點，最清楚的明證，就是中華民國最有成就的土地改革以及農村規劃。在農耕部份的發展和進步，不但展示着中國以農立國的歷史事實，亦不但證實了勤儉致富的不二法門，而且，亦在民生的基本問題上打好了穩固的基礎。而亦就在競爭模式的世界經濟潮流中，中國政府不但不以專利來自豪，而是立卽以農耕隊、農技團的方式，把自己在農業上所獲得的經驗與成果，輸出給落後地區，使沙漠變成良田，使吃香蕉的非洲人能吃到米飯。這種濟弱扶傾的心性和服務的精神，原就是三民主義社會哲學的形上基礎，也是落實下來，走向「世界大同」的必經之途。

四、實踐原則有待改進和加强：社會的實踐原則，無論是依據中華民國憲法的權利義務規定，或是　先總統蔣公早年所提倡的新生活運動，固然一方面是由於社會本身已逐漸由農業的型態，走向了工商業的型態，另一方面則是在西化過程中，一時不容易把握住西洋民主和法治的重點，於是在社會原理的訂立上，沒有太多的困難；但是，在實踐的具體上，則呈現出許多無法銜接傳統與現代的情事。其中最顯著的社會問題，就是從禮記大學篇的傳統規範，從修身到齊家，到治國，到平天下的漸進原則的課題。

前面提及的農耕隊、農技團的作法，原是從治國到平天下的高層次文化理想的實踐努力。而在從修身到齊家的範圍中，社會型態的變遷，果眞帶來了許多衝擊、考驗，乃至於迷失的情形。其中最清楚的，就是大家族制度。大家庭制度的沒落和消失，而代之以興的，是小家庭制度。小家庭制度的最大缺陷，就是人際關係太單純，從家庭生活中沒有學得足夠的群體生活的觀念與實踐；而工商業社會中，所呈現的，所要求的人際關係，卻多於農業社會，相形之下，人際關係在工商業社會中的惡化，就是易於瞭解的結果。

人際關係的缺陷，直接影響下來的，就是公德心的缺乏。如何在互助、服務的理念下，主導國民修練公德心，也正是三民主義面對社會問題時，極需努力發揮的重點之一。㉞

中國的社會問題，除了共產政權一直在摧殘道德、宗教、良知之外，還有就是傳統爲家的圈子，在心態上仍然沒有突破。也卽是說，仍然懷有相當的私心，對國家社會的公益，尙沒有足够的體認；雖然，大家庭制度不復存在，但是小家庭制度的出現，不但沒有突破家的範圍，走向國家社會的領域，反而陷入更小的私的囹圄中。這對於「以建民國」，或是建立五種共和的中華民族主義，都有了困難，更何況還要突破國家界、種族界，而達到「世界大同」的理想呢？

五、宗教補政令之不足：前面論及的仁愛、互助、服務等等方法，如果有宗教的修練，先從心性的改造做起，在實踐起來，就比較容易；也就因此，無論 國父孫中山先生，或是 先總統蔣公，都在倡導宗教的重要性。㉟宗教的確是道德的基礎，以及推動道德實踐的動力。社會行爲有了宗教情操的支持，許多慈善事業，尤其是那些需要愛心、犧牲的社會工作，才有可能持續不斷地與辦下去。

然而，雖然三民主義的創始人 國父孫中山先生，以及三民主義實踐者 先總統蔣公，都是

㉞學生應主張社會道德，又世界道德之新潮流。

㉟國民以人格救國，民族主義第一講，以宗教補政令之不足，民生主義育樂兩篇補述，解決共產主義思想與方法的根本問題。

宗教信徒，而其生命亦富於宗教情操；但是，反宗教、無神論等思想，破壞宗教不遺餘力，或是根本忽略那句「以宗教補政令之不足」㊱語句，或是忽略三民主義思想淵源中，有西洋精華部份，而以中華文化爲藉口，大談人本精神，在有意無意之間，阻礙着社會的正常發展。

六、情、理、法尙未完全協調：前面說的社會變遷，從農業轉變爲工商業，以及由大家庭變成了小家庭，而影響了人際關係的正常發展，因而催生了社會中缺乏公德心的問題。而這種失去「公」，而墮入「私」的危機中，主張西化以及辦洋務者，就把寄望放在「法治」的實踐上。當然，西洋公德心固然有「法」來促成和衞護，但是，「法」在這裡所扮演的角色，原是止於對行爲的束縛，却沒有能力突破法律條文，直透那更根本的「守法精神」。沒有守法精神，法律條文是形同虛設的。而守法精神的培養，不在法律本身，而是要看法律是否與傳統而來的情和理相和諧。情、理、法的融洽的需要，正如前面提及的「家」和「私」的關係一般；祇要存有過度的爲家的私心，就不會發展好的公德心；同樣，除非法的條文符合情和理，否則就難以引發守法的精神；沒有守法的精神，公德心以及社會公益事業，也就無法做好。更何況又沒有發展足以付出愛心和培養犧牲、服務精神的宗教情操呢！㊲

㊱ 同上。
㊲ 中國之命運第六章。

結論

上面我們探討了三民主義社會哲學的整體，從社會定義到社會原理，再到社會問題。我們敢於結論出，承傳中華道統，融洽西洋精華的三民主義，在社會原理上，具有卓越的洞察，是順天應人的；而其社會問題的出現，雖處處呈現出不完美，但是，却也是一步一趨地邁向社會原理的終極目標。

今天的課題，已經不是在論評社會原理，而是如何依着已定原理去實踐，依據漸進原則的，突破亂世，而在昇平世的社會中，邁向太平世的遠景。

當然，在堅守三民主義社會原理的工作中，必須時常提高警覺，不斷地以理論强化原理，不斷地破共產邪說的社會理論，破分歧思想的社會邪說。而在實踐之中，堅定信念，以百折不撓的精神，改善社會現狀，使之漸漸地符合社會原理的目標。

先總統　蔣公的力行哲學

緒論

哲學的分類從古以來，就分成理論哲學以及實踐哲學二大部份❶，而實踐哲學探討「行」的問題，理論哲學則研究「知」的課題。

自從哲學成爲大學中通科之後，國人也漸漸地意識到西方哲學對「知」的問題，有深入的研究；而中國哲學則在「行」的課題上，有獨特的見解。

---

❶ 參閱吳康著「哲學大綱」上册，商務，民五十八年十一月五版，第二〇頁。

三民主義的思想體系，通常都以「中華道統」、「西洋精華」、「國父創見」三大淵源來涵蓋❷。那末，在哲學的「知」「行」問題的根本上，也必有所深入討論。

本文也就在哲學的觀點下，設法評述三民主義哲學中實踐哲學部份。這實踐哲學部份在基礎上，當然是「國父創見」。但是，因為三民主義哲學本身，其創始人固然是國父孫中山先生，但其最重要繼承人則是先總統 蔣公❸。因而，在有關「知」和「行」的哲學問題，站在三民主義哲學的立場看，其問題的提出，以及問題的解決，當然先從 國父的言論中，去尋求答案，但是，最後的論斷，仍然是在先總統 蔣公的著述中去尋找。正如 國父自己未完成三民主義講稿，而先總統 蔣公給予「育樂二篇補述」一般。

從本文的體系探討中，讀者將可預料到：有關三民主義知和行的哲學問題，的確是由 國父孫中山先生開始，而由先總統 蔣公集大成。

我們這就分下列四個部份來加以探討：

---

❷ 「三民主義的具體辦法」，「國父全集」第二册，第四〇五頁；「三民主義之體系及其實行程序」，「蔣總統集」，第一一三八頁。

❸ 參閱鄔昆如著「三民主義哲學」，中央文物供應社，民七十年五月，第十一——十二頁。

壹、學說背景

一、**尚書**：三民主義學說有關知行的問題，首由 國父孫中山先生提出。他是在「建國方略『孫文學說』」自序中，提出自己要發明「知難行易」學說，而在思想的背景上，指出了學說的重心：「革命初成，黨人卽起異議，謂予所主張者理想太高，不適中國之用，衆口鑠金，一時風靡，同志之士，亦悉惑焉……此革命之建設所以無成，而破壞之後，國事更因之以日非也。……然而吾黨之士，於革命宗旨，革命方略，亦難免有信仰不篤，奉行不力之咎也。而其所以然者，非盡關乎功成利達而移心，實多以思想錯誤而懈志也。此思想之錯誤爲何？卽『知之非艱，行之惟艱』之說也。此說始於傅說對武丁之言，由是數千年來，深入於中國之人心，已成牢不可破矣。故予之建設計畫，一一皆爲此說所打消耳。嗚呼！此說者，予生平之最大敵也，其威力當萬倍於滿清。……夫民國之建設事業，實不容一刻爲緩圖者也。國民！國民！究成何心？不行乎？不知乎？吾知其非不能也，不行也；亦非不行也，不知也。……故先作學說，以破此心理之大敵。」❹

---

❹「建國方略『孫文學說』」自序，「國父全集」第一册，第四一九——四二二頁。

從上面一段引述中，我們很淸楚地知道 國父創建「知難行易」學說的宗旨和背景；首先就是革命成功後，各種建設無法推行的現象，這是心理因素的文化背景，是「知之非艱，行之惟艱」的說法所影響下來的；而這種傳統的學說，源自「尙書」：

「王曰，旨哉，說乃言惟服，乃不良于言，予罔聞于行。說拜稽首曰：非知之艱，行之惟艱，王忱不艱，允協于先王成德。惟說不言，有厥咎。」❺

啓明版粹芬閣藏本所加的注是：

「旨，美也，古人於飲食之美者，必以旨言之。蓋有味其言也。服，行也。高宗贊美說之所言，謂可服行。使汝不善於言，則我無所聞而行之也。蘇氏曰：說之言，譬如藥石，雖散而不一，然一言一藥，皆足以治天下之公患，所謂古之立言者。

「高宗方味說之所言，而說以爲得於耳者非難，行於身者爲難。王忱信之，亦不爲難。信可合成湯之成德，說於是而猶有所不言，則有其罪矣。」❻

「尙書」在這裏的意義是：空言不如力行，是鼓勵親身力行的意思。無論是王者或臣子，都要在這「行」的層面上落實。王者聽信臣言，重要的就是要力行；而臣下有意見亦應當直說，亦是「行」的層次。本來，中國哲學傳統的精華，也就是在於「卽知卽行」，强調實踐爲主的道德

❺ 「尙書『說命中』」。
❻ 粹芬閣藏本「書經集傳」，啓明書局景印，民四十八年一月再版，第六〇頁。

哲學體系。

但是，這種重「行」的道德哲學，絕沒有排斥「知」的意向，相反，是要以「知」的機會，來完成「行」的實踐的。國父孫中山先生在「孫文學說」自序中所指出的，當時國人思想的偏差，正是「不知不去行，知之又不敢行」；本來重「行」的原意，却變成了怕「行」的心理。「尙書『說命中』」提出了「知」和「行」的兩重問題，而其「非知之艱，行之惟艱」的表達，原是哲學「重行」的層面，但在文化承傳中，却變了質，成爲「知」與「行」分離的情形，以及在心理上不敢去「行」的畏懼心理。

二、王陽明：中國重行的道德哲學體系，由於尙書的「非知之艱，行之惟艱」的誤解，一直沒有發展成重「行」以及「力行」的面向。到了宋明時代，士大夫在這方面更是變本加厲，眞的變成了「不知因不欲行，知之又不敢行」的心態。也就因此，在學問的修持上，總是從簡易的着手，不是學漢儒解經，就是學宋儒講性，把學問降格到「知」的層次，雖然仍在談道德的心性，但是，從這心性發展出來的實踐意義，已經不知去向了。像朱熹、陸象山鵝湖之會，在基本上是談學問，但是，其道德心性的實踐則絕談不上；不但對中國傳統的「禮讓」或是「虛懷若谷」的道德沒有，就是當代做學問的互相尊重對方意見的態度也喪失了。中國哲學從「行」墮落到

「知」，本來就够可憐，何況更在「知」的層次上，排除了「行」的因素！❼

王陽明之所以特別有貢獻，也就是看清了這種危機，而創立「知行合一」的學說，以為「知」和「行」是相輔相成的，絕不互相排斥的。更在「知行合一」之同時，倡導了「致良知」的方法，用「存天理，去人欲」的工夫，做到「卽知卽行」的境界。陽明學說雖在表層上追隨了宋明諸子唯心的思想體系，以「心外無物」的主體意識，來貫串宇宙萬象，但是，在「知」和「行」的探究中，始終堅定了「知行合一」的原理，而且，為了實現這學說，卽以「致良知」為方法；而在「致良知」的語句中，「致」的動詞完全表達了「行」的層次，亦卽「力行」的倡導和發揚。因此，陽明學說的精華所在，也就是重行，注意致良知的「行」。因而，陽明自己結論出：「知的眞切篤實處卽是行，行的明覺精察處卽是知。」❽這是「知行合一」的最佳解釋，也是「知」離不開「行」，「行」離不開「知」的描述。在陽明看來：眞知是必然要行的，篤行亦必定眞知的。

三、國父孫中山先生：「孫文學說」自序中，國父孫中山先生一方面指出當時士大夫誤

---

❼ 中國哲學的發展，到了宋明，對心性的研究當然很有貢獻，但是，對發展以「實踐」為主的道德哲學，則開了倒車；尤其是在落實到政治社會具體問題上，更是違反了從孔子開創了的傳統。可不是嗎？宋朝諸子干涉朝政，迫使君王重文輕武，而亡於異族，就是例證。明朝的士大夫亦是如此，亦終導致明亡於清的悲劇。這是文化理論沒有落實到國家需要的最佳例子。

❽ 王陽明，「傳習錄中」。

解「尚書」「非知之艱，行之惟艱」的意義，把「知」和「行」分開，而且選擇比較容易的「知」下工夫，而忽視「行」的實踐層面。這種忽視，無論是來自誤解或是來自懼怕，其結果都祇有一個，那就是無法推動革命事業。而 國父孫中山先生領導革命，就是要完成革命的目的：以建民國，以進大同。而這種傳統的「非知之艱，行之惟艱」所帶來的誤解，却一直阻碍着革命事業。因此， 國父孫中山先生就在民國八年，指出了自然科學中「知」和「行」的關係，用「行易知難」的學說，引導國人有一種全新的面向，俾在心理上能够去除對「行」的忽視。

國父孫中山先生用了很長的篇幅，論證「行易知難」的學理，以及其實際上出現在生活中的情形。論證部份則從最單純的日常生活小事開始，一直由淺入深，論及宇宙最奧秘的部份。八章的內容，前四章證以十事，以日常生活中的飲食（第一章）、用錢（第二章）、作文（第三章）、乃至於建屋、造船、築城、開河、電學、化學、進化（第四章）等學理；第五章討論知行在人性論中相互的關係；第六章至第八章則以 國父自身革命理論與實踐的經驗，作爲論證的依據。從這些論證的過程看來， 國父顯然是接受英美經驗主義的思想體系，是用歸納法的論證，從個別的、單獨的事例，企圖歸納出普遍的原理原則。這普遍的原則就是「行易知難」，而個別的、單獨的事例則是所列擧的各種譬喩。

「孫文學說」所開展的課題，雖然表面上是要突出自然科學知識上「知難」的部份，但是，其「行易」的指陳，却是創立學說的目的， 國父不厭其煩地列擧了許多事例，目的都是在叫國人去實行、去實踐，甚至，在自身領導革命的經驗中，强調「有志竟成」，作爲實行的鼓舞，並且，指證出「能知必能行，不知亦能行」。❾「行」是知難行易學說的目的。

貳、問題開展

從上面的「非知之艱，行之惟艱」開始，到「知行合一」，再到「知難行易」的思想演變，我們可以看出其不變的部份，以及變化的部份。其不變的部份就是以「行」爲目的，其變化的部份，則是有時强調「知」，有時强調「行」，把知識的對象稍爲轉移。

先總統　蔣公在承傳中華道統，在繼承　國父遺志時，亦同樣在這個問題上，遭遇到困難；因而，亦特別在這個課題上費了一番工夫，設法把問題釐清。

我們在這裏最先要瞭解的事情是：先總統　蔣公一方面是繼承　國父孫中山先生革命的最重要的傳人，當然對　國父的「行易知難」學說信奉；但在另一方面，先總統在哲學修養上，却也非常喜愛王陽明，因而對「知行合一」的哲理亦非常佩服。這麼一來，一方面要做　國父的忠實追隨者，另一方面又要承傳王陽明的哲學思想，亦即是說，既要主張「知行合一」，又要宣導

---

❾ 同❹，第四八〇頁。

「行易知難」，這就不能不有獨特的研究了。

果然，早在民國二十一年五月十六日就發表了一篇「自述研究革命哲學經過的階段」一文，文中除了强調日本自强之道，來自對陽明學說的研究和實踐之外，就設法針對陽明「知行合一」說，與 國父「知難行易」的理論作論證性的比較，而指出其中最重要的異同所在。

接着在民國二十四年九月十七日，又在「國父遺教概要第四講：心理建設之要義」文中，首先解釋「知之非艱，行之維艱」在中國傳統哲學中的眞正含義，以爲是「空言不如力行」，而以「鼓勵實行」的意義，爲「力行」哲學開始舖路的工作。同時亦在文中，把 國父的「知難行易」學說，導向「力行哲學」的方向。

繼而在民國二十八年三月十五日的「行的道理」中，用「篤信 總理行易知難」的學說爲起點，作爲「力行」才是求得眞知的途徑。尤其是發揮了「能知必能行」，以及「不行不能知」的原理，以發揚「力行」在知識層次，以及在革命事業中的重要性。

民國三十年七月九日和十日所作的演講「哲學與教育對於青年的關係」中，特別指出，中國哲學的發展，應歸結到 國父孫中山先生所作的集大成工作，而這工作所展示的，也就是形而上的「太極」問題，以及實踐哲學的「行」的課題。今後我們哲學的任務，也就是貫通這項理論哲學與實踐哲學相互間的關係，指出「太極」的運作即是卽物窮理，這樣，在人生具體生活中，也就實踐卽物窮理，卽知卽行。

「知」「行」問題探索的高峯是在民國三十九年，在這一年中，先總統　蔣公發表了二篇重要的文字，先是六月十一日的「實踐與組織」，文中檢討過去失敗的原因，指出並不是不「知」，而是在知之後不去「力行」；同時再次指出日本強盛之因，是在武士道與陽明知行合一學說的理解與實踐。結論是：唯有「力行」才可以復國。

然後就是同年七月三十日的「總理『知難行易』與陽明『知行合一』哲學的綜合研究」。這篇大作首先引述了「實踐與組織」的內容方針，然後就針對「知難行易」以及「知行合一」的課題深入討論。先總統在這裏，有體系地分成三個面向，來看知行問題，而認定二者相互間的本質關係。第一個面向是「動機」問題：指出二者都在指點迷津，都在提出化解之道，都是在切救時弊。第二個面向是「體用」問題：首先以爲「知難行易」與「知行合一」二者的「體」不同，知行合一的「知」是良知，是道德的主體，而且是先天的知的主體；而知難行易的「知」則是科學的知，是主體後天所學習得來的。繼則探討「用」的問題，以爲無論是「知行合一」，或是「知難行易」，目的都是在「力行」，因而其「用」都是相同的，而且站在不同的角度，去支持「力行」的學理。第三個面向特別針對「行」的層次問題：以爲有科技之行，與道德實踐之行；而知難行易是屬於科技層面的，知行合一則是道德層面的。

「知行合一」與「行易知難」的綜合研究，顯示出先總統　蔣公在這知行問題上所下的工夫，而且所獲得的「合」的結論。有關知行問題，也就在這篇大作中，完成了基本的思想體系。

民國四十三年七月五日與十二日的演講稿中，針對「革命教育的基礎」，再次作了綜合性的總結，而且加上了副標題：「闡述知難行易與知行合一的學說是一貫的」。

在這篇講稿中，提出了四個重要的結論：

一、知難行易與知行合一的學說，思想是一貫的；其理由就是，知難行易說中並不排除「行」的實踐重要性，而知行合一哲理中，亦不否定「知」的困難。這樣，二者都共同擁有對「知」和「行」的關心以及研究熱誠，同時亦關心二者相互間的關連。

二、陽明知行合一的學理是由「致良知」去實踐的，而致良知中的「存天理」「去人欲」的工夫，都具有濃厚的實踐性，都是着重「力行」的；亦卽是說，陽明學說的重心不在「知」而在「行」。這是用「致」爲中心來理解「致良知」的命題的。

三、陽明哲學雖有「心外無物」之說，但並不否認「天理」的客觀存在，因而才會在致良知中，強調「存天理，去人欲」，因而，陽明哲學不是唯心的，而是力行的。

四、陽明的知行合一實在可用來輔益　國父孫中山先生的知難行易學說，主要的理由也就是：共同擁有以「力行」爲目標的實踐哲學體系。

叁、思想體系

從上面的問題開展中，我們窺見了知行問題的探討，原是道德哲學與知識哲學相互間的課題；但是，若站在整體哲學去看，「知識」祇是入門，而「道德」則是用的層面；其間涉及到哲學最重要的「體」，也卽是形上基礎的課題。

在這形而上的「體」沒有定案之前，道德的「用」是沒有基礎的。因此，在架構力行哲學的體系上，無論是 國父孫中山先生的「知難行易」說，或是先總統 蔣公的綜合「知難行易」與「知行合一」，都需要再次回到形而上的基本結構之中。

這基本結構是什麼呢？也就是「人性」的根本課題：人生來就有理知，能夠分辨眞假對錯，同時亦有良知與生俱來，用以分辨是非善惡。眞假對錯的分別能力，是知的層面，而是非善惡的鑑定能力，則是行的層次。但是，無論是「是非善惡」，或者是「眞假對錯」，其本身固然是知的對象以及行的規範，但是，其存在的根本性質，卻是形而上的原理原則，由「知」所提升，而由「行」所落實。因此，哲學上的「入門」「體」「用」三者才眞正熔化成三位一體。

於是，眞假對錯以及是非善惡的判準，都在人性的自我認知的範圍內。人生來就俱有「知」的能力，以及「行」的可能性。

現就請分「知」的入門，以及「行」的用，來看其形上架構，以及從這架構中導引出來的意義。

一、「知」的課題：首先，從知的課題中，瞭解到宇宙和人生的眞象，尤其界定人生的意義和生活的目的，這樣，才用以界定形而上的人生基礎。在這裏，「知」的涵蓋面就非常廣，包括了知物、知人、知天。

在「知物」方面，屬於自然科學的知識，完全可用　國父孫中山先生的「知難行易」學說來統攝。

在「知人」方面，不但瞭解到宇宙進化體系中，「人」的出現，一方面以個別的人，單獨的人，作爲人性頂天立地的理論依據；另一方面則以羣體的人，以人際關係的釐訂來規範社會關係。人類進化以互助爲原則的提出，奠定了民生史觀的藍圖，而且亦給力行哲學，設定了遵行的方向。人的進化是在從物到獸、從獸到人、從人到神的系列中展開；其從「物」開始，到「神」結束的進化原理，應用到具體社會生活時，也就架構了互助合作，以及仁愛的人際關係。

也就從這種進化的理解，才會使先總統　蔣公在完成三民主義形上學中的本體論時，特別強調「視心重於物」的「心物合一論」。因此，宇宙的最終本體是「視心重於物的心物合一」。❿

❿「解決共產主義思想與方法的根本問題」，「蔣總統集」，第一九二八頁。

這種「精神」重於「物質」的理解，奠定了三民主義哲學的形上基礎，其後亦在「力行哲學」中，提供了「以德化人」的王道精神，以及服務的人生觀。

再來就是知「天」的課題，也就在人的進化高峯，出現了「神性」，無論是 國父的「以宗教補政令之不足」⓫或者是先總統 蔣公把進化起源的「太極」看作「神」，看作「上帝」，看作是天地萬物間的唯一主宰⓬，都在指陳出：宗教上的信仰和哲學中的原理相輔相成，而成爲人類做人做事的最終基準。

如此，從「知」的課題中，獲知了「天」的主宰性，以及人類進化的終極目的；同時，獲知了人在宇宙中的地位，是從物到神的進化過程；再而認清了「物」的性質和存在的意義。這樣，有了這形而上的原則，就可以用來發展哲學中「用」的層面，亦卽是「行」的課題。

二、「行」的課題：針對着前面物、人、天的體認，也就知道道德規範中的「行」，所應採取的面向，卽是用物、愛人、敬天。

國父的實業計劃，無一不是在展示用物的計劃，「物盡其用」的設計，也就表明了對「物」的看法，加上「地盡其利」，以及「貨暢其流」，就更顯示出「物」祇是爲人所用的。而用物的目的則是爲了救國救民，是爲了「愛人」。先總統說得非常清楚：

⓫ 「國父全集」第二册，第二六二頁。
⓬ 「解決共產主義思想與方法的根本問題」，「蔣總統集」，第一九一九頁。

「我對於人生觀，有一對聯說：生活的目的，在增進人類全體之生活；生命的意義，在創造宇宙繼起之生命」。⑬愛人、愛生命的思想，原就是三民主義人生哲學的重點。 國父孫中山先生以「博愛」爲題字，也正是體認出這種精神的精華所在。

「愛人」的人文精神，首要着重於個人修養，而這種修養的工夫，完成於獨善其身的君子，亦全靠「力行」，亦卽是先總統對陽明學說卽知卽行的理解。但是，「人」性的完成，在其羣體意義中，却又不止於獨善其身，而是要進一步的兼善天下；於是，兼善天下的聖人，才是做人處世的目標。聖人也就是人性進化到神性的階段，而在社會的發展上，也就是孔子所謂的「天下爲公」，耶穌所謂的「爾旨得成，在地若天。」⑭

愛人和用物在進化體系中，都祇是過程，最後仍然落實到敬天之中，那就是三民主義的宗教觀。這宗教觀原是今天研究三民主義學者們意見最不一致的地方，但是，如果我們好好地讀先總統 蔣公的「解決共產主義思想與方法的根本問題」，就必然會領會到：中國傳統文化，以及三民主義思想，都是「敬天」的，都是富有宗教情操的。 先總統說：「我認爲中國是有宗教的國家，亦是敬神的民族。」又說：「我總以爲人生在世，特別是在此反共抗俄與唯物主義戰爭期間，無論你有否宗教信仰，亦無論你對於宗教的觀念如何，但是我們必須承認宇宙之中，是有一位神

⑬「自述研究革命哲學經過的階段」，「蔣總統集」，第五八一頁。

⑭「孫文學說」第四章，「國父全集」第一册，第四五五頁。

在冥冥中爲之主宰的。」⑮

亦就由於有神論的宗教觀，以及由導向神的進化理論，於是才導引出人生的道德規範，因而亦架構起道德哲學的全部內涵。其中的「力行」哲學，也就有了形而上的基礎。

因爲人類進化是要消滅獸性，發生神性，因而其進化的原則不能是鬥爭，而是互助；不能是仇恨，而是仁愛。因此，力行哲學所主張的，也就是以服務的人生觀（互助中最積極的表現），以及犧牲小我，完成大我的精神（仁愛的極致表現）來爲人處世。

因爲宇宙中冥冥有神在監臨，行善避惡就成了「致良知」最具體的行爲，也是力行哲學中「存天理，去人欲」的一大動機。

因爲人類進化是宇宙進化之一環，而宇宙進化之原始的「太極」又是神，因而「人」的生命意義，才導引出替天行道的「增進人類全體之幸福」以及「創造宇宙繼起的生命」。

因此，在「力行」哲學的體系內，「人性」的完成是基本的目標，而這目標的具體化，也就是獨善其身的君子，以及兼善天下的聖人。君子和聖人的「人性」，在人性進化過程中，則是「從人到神」的進化，是「消滅獸性，產生神性」的「人性」高峯。在落實到具體社會時，則是致力於「互助」「仁愛」的原則，從漢民族主義到五族共和的中華民族主義，再到大亞洲主義，

⑮ 同⑫，第一九三一頁。

最後到世界大同。這種三民主義的「以建民國，以進大同」與中國傳統的修、齊、治、平，或是據亂世、昇平世、太平世，原是相通的，與西洋柏拉圖理想國亦是相通的，與耶穌基督的地上天國亦是相通的。

力行哲學的近程目標因而是個人人格的養成，其終極目標則是世界大同。

肆、餘下的問題

「力行哲學」倡導「起而行」的實踐層面，其對知對行的觀點概如上述。目前，中國的問題尚待力行去解決的，也就是「以建民國」的中華民族主義尚在分裂的局面，國人的首要任務，是在破除馬列邪說，消滅共產，統一中國；在完成「以建民國」之後，再邁向「以進大同」的遠景。

「起而行」的呼聲在今天，響應在「以三民主義統一中國」的積極努力中。目前，「知」的層次已經發展成臺澎金馬、海內海外一致的認同和共識，唯有破除共產主義，人類才有眞正的和平和幸福；唯有綜合中西文化之長的三民主義，才可以救中國，進而救世界。

「力行哲學」是三民主義心理建設的一部份，其目的就是「萬衆一心，急起直追，以我五千年文明優秀之民族，應世界之潮流而建設一政治最修明，人民最安樂之國家，爲民所有，爲民所治，為民所享者也」⑯以及「遵奉 總理『知難行易』的學說，實踐力行，來建設三民主義的新中國，完成國民革命的偉大使命」⑰。這樣先在臺澎金馬建設三民主義的模範省，以期統一中國，達到「以建民國」的目標，再進而邁向「以進大同」的太平世。

⑯「孫文學說」序，「國父全集」第一冊，第四二一頁。
⑰「總理『知難行易』學說與陽明『知行合一』哲學之綜合研究」，「蔣總統集」，第一七二三頁。

波柏(Karl Popper)的開放社會❶

緒論

一

文化哲學的研究，還是近二百年之事。在這二個世紀的學術發展中，前一百年着重歷史哲學的課題，後一百年着重社會哲學的探討❷。歷史的研究，不但提供了前人發展和進步的事實，而且提出了對這事實的批判，並從批判中開展出對未來的展望；這是文化哲學「縱」的一面的研

❶ 本文所用的「開放社會及其敵人」版本是一九六一年倫敦修訂四版。

❷ 參閱 Alois Dempf, *Kultur-philosophie*, Müunchen-Universität; Philosophische Abteilung, HSV 198, 1. Einleitung, S. 4.

究。社會的研究，提供了人際關係的原則與問題；問題是現實的，原則是理想的；人生在理想和現實之間，去發現人類超升和墮落的事實以及可能性；而在超升的可能性中，提供了各種文化類型以各種政治社會的體制；在墮落的可能性中，尋求各種合理的補救之道；這是文化哲學「橫」的一面的探討。集合了「縱」的歷史研究，以及「橫」的社會探討，就形成了文化哲學的內容以及形式架構。❸

在「史賓格勒與湯恩比之比較研究」❹一文中，我們分由二個面向，探討了歷史哲學的種種❺；在這篇「波柏的開放社會研究」中，我們設法把文化哲學，尤其歷史哲學的內在涵義，落實到政治體制和社會制度中。因而，社會哲學的理論和實踐的課題，都可稱爲更具體落實的政治哲學❻。

二

社會發展至於當代，無疑地已漸漸走向多元，亦漸漸走向開放。但是，從封閉的社會走向開放的社會，或者使多元的社會成爲標準的開放社會，都有賴於學術的研究和導引，才不致爲害人

❸ 鄔昆如，史賓格勒與湯恩比之比較研究，哲學與文化月刊第七卷第六期，民國六十九年六月，第十九頁。

❹ 同上，哲學與文化月刊第七卷第六、七期，民國六十九年六、七月。

❺ 二個面向卽是「歷史研究法與歷史透視」以及「文化內涵的探討」。同上第十九、廿一頁。

❻ Karl Popper, *The Open Society and Its Enemies*, London 1961, Preface, V.

類。對這方面的課題，作爲高深的學術研究，需從縱的歷史哲學的考察，走向橫的社會哲學的探討。在這方面，當代最有貢獻的，首推波柏（Karl Popper, 1902-）；他所著的「開放社會及其敵人」（*The Open Society and Its Enemies*, 1945），成爲這方面經典之作。研究波氏學說對社會哲學的瞭解，以及對開放社會發展的方向，必然有所幫助。

三

因此，本文的研究目的，也就是爲當代的開放社會努力，設法指出歷史與社會中，人性在這方面的需要，從而認定，當代潮流之遠離封閉，走向開放之必然性。

在這層目的旣定之後，就釐訂了研究方法，那就是：先透視波氏之全面思想，從其著作順序，瞭解其思想來龍去脈，然後深入其代表作「開放社會及其敵人」（一九六二年倫敦修訂四版），從中分析及批判其思想的形式與內涵，再配合當代思想家對其思想之批判資料，以窺探其貢獻及對社會變遷中之思想得失❼。

四

---

❼ 批判波柏思想之資料很多，其中一大部份收集在由 Paul A. Schilpp 所出版的 *The Philosophy of Karl Popper*, Open Court Publishing Co. 1971.，還有就是 Walter Kaufmann 所著 *From Shakespeare to Existentialism*, New York, 1959.，以及 Mario Bunge, *The Critical Approach to Science and Philosophy*, Illinois, 1964. 等。

在計畫研究預期之成果時，曾提及在理論上，認清社會哲學對人生之貢獻；在實踐上，用人際關係的「尊重」「交談」，作爲走向開放社會之方法。而在上述研究成果中，所眞實獲得的，遠較預期的成果深遠；因爲，無論在「史的發展」的探討中，或是「內在涵義」的分析中，或是在「當代意義」的批判中，都可以肯定，波柏對社會中人際關係分析入微，立場堅定；更重要的是，波氏敢於對傳統過去各大思想家，提出嚴厲的批評，而以其本身對開放社會的信念——理論和實際，來透視西方世界的社會理論，並提出其對過去思想的得失批判。

五

「開放社會」以及「封閉社會」概念的由來，始自法國當代哲學大師柏格森（Henri Bergson, 1859-1941）；柏氏在其所著「道德與宗敎二源」（*Les Deux Sources de la morale et de la religion*, 1932）一書中，指出人的心靈以及社會，都有封閉的以及開放的分別。以爲在封閉的社會中，其構成份子的個人，相互之間沒有關懷，甚至爲了保護自己而時常妨害他人；開放社會就不同，它的成員認同道德義務，實踐良知所賦予的使命，而嚮往着美好社會的遠景❽。

波柏在概念的運用上，基本上採取了柏格森的用法，但是，在觀點上却有很大的差別，原因就在於：柏格森的社會分類，是站在宗敎的觀點上的，而波柏的分類，則是站在理知的立場。因

❽ 吳康，柏格森哲學，商務，民國五十五年五月版，第一三二頁。

而，「開放」一詞的最高意義，在柏格森來說，是向着宗敎中的神秘，然後以這種神秘世界的神諭來支持並發展社會中的人際關係；但是，爲波柏看來，開放的意義則剛好是要用理性，去批判神秘的世界，而完全相信自己的理知，而在理知的探討中，說明人際關係的種種。❾

在解釋名詞的含義時，波柏舉出了 Graham Wallas 的「大社會」，而以爲自己的「開放社會」應該在內涵上亦包括「小社會」；在與 Walter Lippman 的概念比較中，以爲自己的「開放社會」最接近其「好社會」❿。

第一章　史的發展

「史的發展」的探討，在這裏分二個層次來看，首先是波柏本身對社會哲學的興趣，因而開始研究，乃至於完成對「開放社會」的定論；是爲站在「開放社會及其敵人」一書之外，來窺探波柏對社會哲學研究的進程。然後就進入「開放社會及其敵人」一書，去探討波柏對社會哲學的學說，有關開放社會（毋寧說封閉社會）的發展部份。我們這就分兩節來探討：

---

❾ 同❻第四六七、四六八頁。
❿ 同上。

第一節　波柏研究進程

有關波氏的研究進程，我們可在其著作中，找到足以說明的章節：「此書是政治哲學以及歷史哲學批判性的導論，並且是一種有關某些社會重建原則的考察。」⓫「馬克斯主義祇是一種插曲——在永恒以及危險的危機中爲建立一個更好更自由的世界所犯的許多錯誤之一。」⓬「雖然我主要的是對物理學的方法感興趣，但是，這許多年來，我也非常關心目前社會科學，尤其是社會哲學不足之處……在這個問題上，我所最注意的，就是極權主義的誕生，而許多社會科學以及社會哲學又在這方面失敗了。」⓭

是的，在歷史的考察上，以及在當代情勢的觀察上，都是事與願違，社會正義的不彰，人類的各種災禍，都使得波柏要重新檢討社會原理，尤其是檢討過去以及當代的社會哲學的學說。

在波柏的心目中，開放社會的阻碍，來自對命運的迷信，而這迷信所指向的，則是披上了學術外衣的極權主義和歷史主義。這兩種主義是互爲表裏的，都以爲歷史的必然，都以爲人類的悲慘命運必不可免。歷史主義者和極權主義者都强調自身的預言，而且正面地反對科學和理性；因

⓫ 同❻。
⓬ 同上。
⓭ 同上，第四頁。

而導引出對權力的追求，以及對已得權力的留戀。⑭

因此，波柏首先批判歷史主義，而寫了他的「歷史主義的貧乏」(*The Poverty of Historicism*, 1944/45)，根本上反對歷史主義對未來反理性反科學的預言，因爲這種預言涉及到「命運」的性質；波氏以爲，唯有使人類擺脫命運的束縛，才能够負起自己的使命，而人類自己去決定自己的命運。⑮

科學方法的運用，以及理知的覺醒，是波柏的信念，也是他努力的方向及目標。也就因此，波氏在科學方法的研究上，首先打好基礎，而早在一九三五年，就在維也納出版了「研究的邏輯」(*Logik der Forschung*)；書中不但提出了經驗主義以及實證主義的運作方式，而更重要的，是把人類的理性，提升到首位，而覺得「合理化」原與「科學化」有相同的意義；甚至，更進一步，要用以「人」爲中心的原則去思想，去界定宇宙、界定社會的原理原則；更要以「人」爲中心，去實踐這些原理原則。⑯

波柏的方法論是科學實證的，是理性的，而其理性及科學方法却不是邏輯實證論，或是維也納學派的「檢證性原則」(Verifiability Principle)，因爲後者的發展，困守在語言分析的意義

⑭ 同上，第七頁。
⑮ 同上，第五頁。
⑯ 鄔昆如，以人爲中心的文化觀，哲學與文化月刊，第六卷第一期，民國六十八年四月一日，第十七頁。

上。波柏的意思是，方法論的形式應當與思想的內容有某種程度的符合，也就是說，其學說重心，以爲人類學問的發展，以及知識的增長，是要看人是否擺脫神話的信仰，而走向科學的課題，以及批判的考察。⑰

在另一種內容和形式的合一嘗試中，波柏的理念是自由和平等，此二者是根本修正極權主義的途徑，也是攻擊歷史主義最有效的方法。

反對極權主義，而主張人權、主張理性、主張自由、主張平等，也就表現在「歷史主義的貧乏」以及「開放社會及其敵人」二書中。這二部書指出同一信念，那就是設法建設開放社會，把開放社會的定義和寄望說清楚；而其表現的形式，則是在批判「封閉社會發展史」。

在批判封閉社會的原理與實踐，在嚮往開放社會的來臨的心態中，波柏探討問題的核心，仍然是「方法」的問題。因而，在出版了「歷史主義的貧乏」以及「開放社會及其敵人」二部討論內容的著作之後，就又出版了一本方法論爲中心的書，那就是「臆測與反駁」(*Conjectures and Refutations, 1963*)；這本書的副標題爲「科學知識的成長」(The Growth of Scientific Knowledge)。此書明顯地分成兩大部份，第一部份是臆測，把哲學問題奠定在科學方法之上，而且依照西洋哲學史的進程，先從蘇格拉底期開始，經過英國經驗主義、康德，一直到當代的邏

---

⑰ 同❻，第七頁。

輯學說體系。第二部份是反駁，先是劃定科學與形上學的分界，然後就論及語言與心物問題，辯證問題，歷史神話問題，最後探討人本主義以及理性。總括說來，各篇取材都能符合波氏本身的思想進程，那就是用方法的形式，來展示出思想內容。正如他在序言中說的：「這本論文集文章雖多，而其問題則非常單純，即是：從我們的錯誤中作學習。」⑱

一九七二年，波柏繼「臆測與反駁」的論文集之後，又出版了一本方法論方面的書，那就是「客觀知識」(*Objective Knowledge*)，其副標題爲「一條革命性的捷徑」(An Evolutionary Approach)。書中從哲學問題的根本着手，探討了歸納法、常識、實在論、知識論等課題，然後落實到人的理性問題、自由問題，對眞理的定義問題。⑲顯然的，此書亦是波柏整個學說的濃縮，不過，其哲學體系，似乎比以前的幾本著作，稍爲嚴謹一點；這也許是由於他的那部名著「開放社會及其敵人」問世之後，從各方面給予了太多的意見和批評，而針對許許多多的批評，波柏又不得不提出自己的辯護；在責難與辯護的往返中，總是覺得雜亂無章，因而才作一次根本的、有體系的、全面的「表白」，來申明自己的立場，以及再次論證自己整體學說的合理性。⑳

當然，我們在「波柏哲學」(*The Philosophy of Karl Popper*)二巨册中，仍然可零星地收

⑱ Karl Popper, *Conjectures and Refutations*, Colifornia,1962, VII.
⑲ Karl Popper, *Objective Knowledge*, Oxford 1972.
⑳ 同⑧。

集其對每一個各別問題的意見，㉑甚至，亦可在第四版的「開放社會及其敵人」書後的附註中，讀到其答覆一些有關問題的描寫。㉒這也就指出，要瞭解波柏思想的全部，仍然必須讀遍他的各種著作，甚至對他學說批評的各種文章的論集。㉓

第二節 開放社會史

為了探討開放社會及其敵人的整體內涵，波柏花了許許多多的篇幅，羅列了西方哲學史發展進程中，一些代表性的人物。從希臘的柏拉圖開始，甚至從先蘇格拉底期的思想家開始，指出了開放社會理論的開創，但不幸的是，立刻又被封閉社會的理論所淹蓋。在波柏看來，西方思想史的發展，幾位代表性人物，像著理想國的柏拉圖，像集西方傳統大成的黑格爾，像泛濫了半個地球的馬克斯，都在建立封閉社會；因而亦就在書中，用了絕大多數的篇幅，用迂迴式的先檢討錯誤的思想，以彰顯出波柏認為的開放社會的條件。因而，這一節所探討的，如其說是開放社會發展史，倒不如說是封閉社會發展史。

㈠**柏拉圖**：在「開放社會及其敵人」原文四百六十三頁之中，柏拉圖部份佔去了一百九十五

㉑同上。
㉒關於這點，波柏並非特別收集，而祇在再版之中附錄在書後，如第五版的第三六九～三九六頁。
㉓同❼。

頁。可見波柏對柏拉圖學說所用的功力。對柏氏的批判，首當其衝的，就是歷史主義。而且，在一開始時，柏氏就設法提出自己的研究成果，覺得「歷史主義是推向未來的命運神話」，而這向着未來的學說竟然落實到西方歷史的發展中，那就是：從赫拉克里圖斯發展到柏拉圖和亞里士多德，從亞里士多德發展到黑格爾，再從黑格爾極右的發展，到達法西斯主義，以及極左的發展，變成馬克斯主義；而法西斯的特選民族，與馬克斯的特選階級的學說，都導引出極權主義的政體，而造成封閉社會。[24]

在從赫拉克里圖斯的變化哲學[25]的理解中，形成了柏拉圖所肯定的觀念論的核心主張：「變化是魔鬼，靜止是神明」[26]。在波柏的理解中，柏拉圖偏安於當時的奴隸制度，不思改革，以安定為政治的根本；而且，安定的意義是不變，不變的動機是不肯放棄既得的權利；就是對最不公平的奴隸制度，亦以為奴隸是天生的[27]。

這種祇求安定，不圖改革的政治哲學，自然就是封閉社會的型態，而引起柏拉圖作此主張

---

[24] 同[6]第十三頁。

[25] Herakleitos(ca.544-484 B.C.)學說中心被稱為「萬物流轉」(Panta rei)。

[26] 同[6]第三十九頁。

[27] 同上，第五十三頁。

的，是赫拉克利圖斯；因而，在波柏的批判中，赫氏實爲開放社會的第一敵人㉘。

換句話說，西方從奴隸制度開始，事實上就是封閉社會，而這種封閉社會却由一些思想家所支持，這種一連串的支持，於是造成了當代社會的封閉性。除了上述的一種從柏拉圖演變到馬克斯的順序之外，波柏還提出了另外一系列的思想發展，那就是從柏拉圖到盧梭，到孔德，到彌爾，到黑格爾，到馬克斯。㉙這系列加進了盧梭、孔德、彌爾三位大師，使他們成爲從柏拉圖到黑格爾的橋樑。波柏的這個系列的提出，原是爲了與柏氏自己提出的政治墮落的順序，作一對照比較。柏拉圖在「理想國」中認爲的墮落程序是：財力政治到寡頭政治，再到民主政治，由民主政治就墮落爲暴君政治。㉚這種墮落的最大原因，也就是改變階級，也就是變化；柏拉圖一直以爲「改變階級是罪過」㉛。

波柏在討論柏拉圖的章節中，提出了四種封閉社會的形態，然後對應於柏拉圖的學說，覺得樣樣符合。首先，單元社會是封閉的，而柏拉圖的不變，和保持原狀，也就是單元的明證，這是歷史主義命定論的流毒。㉜第二就是社會中的權威，而這權威寓於階級，而不是以理知爲判準；

㉘ 同上，第一八四頁。
㉙ 同上，第四二頁。
㉚ 同上。
㉛ 同上，第五〇頁。
㉜ 同上，第六〇頁。

階級的神話以及神秘思想，在支持着這種無上的權威。㉝第三就是以為人類的現有階級是天生的，是一種命運的安排，人不可以改變它；而柏拉圖所說的，奴隸是天生的，也正是這種意義。㉞第四，在封閉社會中，人性的社會性被限制在特定的階級中，沒有改變職業，更沒有改變階級的可能性；人際關係的共同存在被否定，而祇承認國家至上的原則，這也就是柏拉圖的主張。㉟

再進一步，波柏用了四章的篇幅，特別依照柏拉圖理想國的內涵，分別探討了義、智、眞、美、善的課題。而把柏拉圖所講的正義，歸類到極權的正義中；原因是，在理想國中，國家至上，個別的人祇不過是國家的工具；個人為了國家要無條件地貢獻自己的一切。這種正義的伸張，波柏以為是「反人道，反基督精神」的。㊱

關於智慧的問題，也就是柏氏所主張的天生智愚不等，而智者應是統治者，愚者則是被統治者；統治者有權規定所有行為規範，而被統治者祇能唯命是從。在波柏看來，這是人治的體制，是落伍的思想，站在人權的立場，應該是人人平等，每個個人都可以提出制度的意見，而且都可

㉝同上，第六六頁。
㉞同上，第七一頁。
㉟同上，第七六頁。
㊱同上，第一〇三頁。

以批評已有的作法。而且，柏拉圖有關領導階層的理由，是選賢與能的，但是，波柏總覺得：賢者不必智，智者不必賢，賢與能原是難以共存的。[37]

關於眞的問題，波柏所提出的柏拉圖思想，是針對哲學王的課題。柏氏哲學中，政治和社會的最高領袖應該是哲學家，因爲他是在世間經過考選制度，而成爲最有學問、最有德行，是現世足以代表觀念界最高的善的人。波柏在這裏，抓住了柏氏哲學王統治方法中，所提及的，爲了國家的利益，王者可以說謊的事，攻擊柏氏反對眞理和眞誠，以爲這樣，足以破壞人際間的正常關係；因而，以爲柏氏的哲學王，既是人爲的統治，而又不够眞誠，那就不足取法了。[38]

至於更高一層次的美善問題，原就是歷史文化的未來展望的課題，波氏在其科學實證的立場上，總是覺得柏拉圖在這方面不落實，而喜歡唱高調；烏托邦式的未來社會，原是誰都憧憬的，但是，問題不在於對未來遠景的描繪是否美善，而是在於是否實際上一步步去化解現有的醜惡；在理想與現實之間，波柏還是選擇了現實，而結論出柏拉圖的方法不對。[39]

總結對柏拉圖思想的批判，就是柏氏的階級意識，以及從這意識所創生的種族主義，然後，爲了保障這種族和階級的利益，採取了極權主義的手段；但是，爲了替極權主義辯護，更採納了

[37] 同上，第一二三頁。
[38] 同上，第一三六、一四七頁。
[39] 同上，第一五四頁。

歷史主義的學說，而用神話式的辯證方式，締造了封閉社會的藍圖。

在波柏心目中，柏拉圖亦是開放社會的敵人。[40]

(二)黑格爾：對黑格爾思想的批判，「開放社會及其敵人」一書，用了兩章的篇幅，份量雖少，但是却最有體系的兩章。波柏從亞里士多德哲學的邏輯體系說起，一直進入到黑格爾的思想形式和內容中，把黑格爾的學說，看成是德意志民族精神的產品，而這民族意識是偏狹的，是極權的；因而，波氏結論出：黑格爾是當代歷史主義以及極權主義之父。[41]

在波柏對黑格爾的批判中，最重要的理由，不是因爲後者的思想來自赫拉克里圖斯、柏拉圖、亞里士多德；而更不是因爲在柏拉圖學說中，變化永遠是變壞，而黑格爾將它修改爲：變化是向着好的方面，一直在變好；而是因爲黑氏哲學導引出來兩個極權的結果：一是極左的馬克斯主義，帶動了階級鬪爭；另一是極右的法西斯主義，掀起了種族戰爭。[42]

波柏判定黑格爾的思想體系爲封閉社會的理由，除了其導引出具體的壞結果之外，尙有其它六點：

其一是：黑格爾哲學的動機。波柏以爲，黑格爾思想的模式，根本上是普魯士王的狹窄的民

---

[40] 同上，第九頁。
[41] 同上，第二一八頁。
[42] 同上，第二三五頁。

族意識，同時是日後納粹思想的根源；也就在這種「德國至上」的民族自尊中，締造了其霸道式的，天羅地網式的學說，集了傳統哲學的大成。㊸

其二是：從民族主義而來的思想，形成了國家至上，民族至上，而把理想寄托在抽象的概念中；對於具體的、各別的公民，則成了國家的工具，沒有獨立的自由和尊嚴。個人在黑格爾體系中，沒有獨特的地位。㊹

其三是：黑格爾學說中，當然有許多值得讚美之處，但是，波柏以爲，這些都是傳統早已存在的東西，並不是黑氏的發明；而且，在動機的根本批判上，黑格爾用這些前人的思想，目的還是爲了偏狹的德意志民族主義。㊺

其四是：黑氏學說着重直觀，注重整體；因爲要直觀而忽略了理性，因爲要整體而忽視了個人的自由；也就因爲忽略理性和忽視自由，致使催生了極權主義。㊻

其五是：黑格爾所興起的種族主義，自然成爲當代各民族起而效尤的對象；而且，加上了赫克而（Haeckel）的弱肉强食的進化觀點，更是各種不健全的民族意識之所以興盛的理由；種族

㊸ 同上，第二三七頁。
㊹ 同上，第二五一頁。
㊺ 同上，第二五四頁。
㊻ 同上，第二五五頁。

主義所至，不但別的民族遭受危機，就是發展種族主義的國度，個人的權利也遭受剝奪。[47]其六是：黑格爾發展了歷史哲學，這種哲學懷有烏托邦的心情，相信歷史主義的預言，這也就是神話式的極權主義的開端。波氏以爲，當代極權主義，無論是極右的法西斯，亦無論是極左的馬克斯，都莫不淵源於黑格爾的學說。[48]

總結對黑格爾的批判，最重要的，就是黑氏思想的動機，是要恢復普魯士王國的尊榮，而且是要恢復到忽必烈大帝時代的顯赫時代；因而，其對世界主義的設計，莫不以普魯士國的傳統，以及德意志民族的寄望爲依歸，完全是極權主義的；而且，爲了替這種族主義和極權主義辯護，就在歷史主義中，架構了未來「絕對觀念」的樂觀理想王國。當然，在這王國內，階級意識非常濃厚，上層有德意志民族，下層有世界其它民族；而德意志民族才是統治者，其它所有民族都是被統治者。在這種未來世界藍圖中，波柏以爲是十足的封閉社會，裏面不談理性，不講自由，更沒有人際關係的平等。

在波柏心目中，黑格爾是當代歷史主義和極權主義之父。

㈢**馬克斯**：相對於對柏拉圖和黑格爾的批評來說，對馬克斯的批判，波柏用了較爲溫和的態度。至少，在替無產階級設計的革命事業中，波氏以爲馬克斯畢竟是一位誠實的人，而其所領導

---

[47] 同上，第二五六頁。
[48] 同上，第二七二頁。

的運動亦眞的是人文主義運動；這末一來，很淸楚地就是指出：馬克斯的目的仍然是對的。[49]但是，雖然目的對，「目的可聖化不了方法」，波柏批判馬克斯的重心，不在目的，而在方法上，馬克斯用了歷史辯證，也就是說，他用了歷史主義對未來世界的憧憬，而這憧憬是烏托邦式的，因而形成了「最發展、最危險的歷史主義形式」。[50]也就因此，波氏處處表現出自己不能與馬克斯認同，[51]以爲馬克斯是一位假先知，而且方法非常可憐。[52]

在波柏的觀點看來，首先他是非常同情馬克斯對傳統制度的不滿，而設法提出改革方案；甚至，更欣賞他不用抽象的「人性」作爲改革社會的基礎，因爲這種抽象性本身就可能陷入柏拉圖的理想國，或是黑格爾的種族主義中，而造成極權主義。[53]但是，波氏不滿意馬克斯學說的重心，就是馬氏與彌爾的心理學認同，覺得社會問題的根本，應該由「歷史」來解釋。問題還不在前面所提及的「歷史」如何會走進「歷史主義」中，跌進烏托邦的神話體系內，而是在於對「歷史」意義的解釋。「歷史是什麼？」的問題，在歷史主義的理解中，波柏已經看淸了其危機，足以妨碍開放社會的生長和滋長，而却創生封閉社會的體制。而今，馬克斯——黑格爾極左派，把

---

[49] 同上，第二七四頁。
[50] 同上。
[51] 同上，第二七五頁。
[52] 同上，第二七七頁。
[53] 同上，第二九一頁。

歷史看成完全不打折扣的「階級鬥爭史」[54]。而這種階級鬥爭並非國與國之間的國際戰爭，亦不是民族與民族間的爭戰，而是「階級間的鬥爭」。問題的核心在於，如果不是由種族主義，或是由國族主義所催生的階級，什麼樣的原因產生階級？而且形成了階級間的仇恨？非互相鬥爭不可？這也就是波柏不敢與馬克斯認同的地方；因爲，馬克斯認爲「經濟」是製造階級的原因，而且，在經濟制度下所創生的階級，唯一的解消方法是革命。在馬克斯看來，這個世界是敗壞了，如何能創造出更美好的世界呢？唯物辯證的歷史主義就要指出，最重要的就是革命，其次是用經濟的方法拉平階級的不平等，最後才是政治的改革。[55]革命，當然是流血的革命，是無產階級革命，是工人爲了反抗資本家的不公不義，起來推翻不合理的制度，而締造一個無產階級的社會，用無產階級專政的政治型態出現。波柏則以爲，要改革目前墮落的社會，絕不是先革命，也不是先設法改革經濟；因爲波氏以爲，經濟是無法影響政治的；而是反過來，政治却絕對可以影響經濟。因而，波柏的改革方案，恰好與馬克斯的方向相反，以爲先要改革政治，然後用政治的權力去改革經濟；這樣，政治革命重於經濟革命。[56]也卽是說，馬克斯的「有錢就有勢」的原則，並

---

[54] 同上，第三〇二頁。
[55] 同上，第三一五頁。
[56] 同上，第三一〇頁。

沒有使波柏認同，後者以爲「有勢就有錢」。[57]

也就因此，波柏批判馬克斯的重點，除了歷史唯物辯證的「歷史主義」以及「經濟決定論」之外，就是馬克斯低估了政治的力量，這也就是他致命的錯誤的地方；而且形成了共產主義除了在經濟上可以控制大局之外，在政治上無能爲力；而且，因爲政治上的失敗，勢必導致經濟的失敗。再下一步的推論是：無產階級革命的方法錯誤。[58]

除了上面的根本立場與方法的根本原則的討論和批判之外，波柏就有系統地深入馬克斯對「歷史辯證」的深處，探討他對歷史發展的見解，而加以一一批評：

波柏所理解的馬克斯主義，是經濟決定論的歷史主義，卽是，社會的變遷，總是一種特殊社會的自我走向毀滅之途，而另一種新社會代之而興。從封建社會所走向的資本主義社會，是經濟發展必然的成果；但是，由於資本主義在經濟的貧富上製造了階級；而且，這階級的貧富懸殊必然又會愈來愈大，享受的人與可憐的人的距離亦越來越大；於是資本主義便等於自己在毀滅自己；因爲，在這種資本主義的制度中，祇有極少數的資本家掌權，而極大多數的人民則變成無足輕重；這種對立久而久之，自然產生磨擦、衝突、乃致於階級革命：無產階級起來，打倒資本家。在資本家被打倒，無產階級專政之後，自然地就形成了一種階級的社會，那就是無階級的社

---

[57] 同上，第三一七頁。
[58] 同上，第三三三頁。

會，這也就是社會主義的來臨。[59]

從以上的描述，很清楚地指出，社會的發展分成三個階段，第一階段是資本主義的形成，而資本主義形成之後，自身就造成了貧富懸殊的事實。而且，貧富的懸殊越來越大。貧富的懸殊就催生了第二階段的產生，那就是階級革命，而這革命是無產階級聯合起來，推翻資本主義。資本主義被推翻了，那就祇剩下一種階級，而且是人人平等的階級；這情況也就成了第三階段：無階級的社會主義。因而，資本主義、階級革命、社會主義，也就是馬克斯歷史發展的順序。

波柏對這種三分法不太滿意，而提出了檢討和疑問，而且分別地批判每一階段。

波柏的批判箭頭，最先是針對着第三階段的「無階級社會」的理想，波氏覺得馬克斯有歷史主義之嫌，因而不敢認同其預言。[60]

波柏哲學思想的根源（細節將在本文第三章中論及），對歷史主義，尤其對歷史預言的眞實性，素來甚表懷疑；以爲馬克斯所預言的，這種無階級的社會主義，其描寫的完美情況倒是不必過於挑剔，但是，其先決條件的提出，該是批判的重心。這先決條件的預設是：資本主義的形成之後，會消除所有的其它階級，而祇剩下兩種極端對立的階級，那就是：極少數的資本家，以及極大多數的無產階級。更進一步，這兩種極端的階級發展到後來，形同水火，終會導引出革命；

---

[59] 同上，第三二六頁。

[60] 同上。

而在革命中，無產階級必然戰勝資本家，而剷除了階級的差別性，形成一種階級，而終成社會主義。

波柏所要提出的問題是：第一，在資本主義社會中，如何會那末單純地祇形成兩種階級？有錢人越來越有錢的社會是否眞的會使窮人越窮？第二，在資本家與無產階級的衝突中，如何能保證無產階級一定會獲勝？（經濟決定論不是說有錢的人才有勢嗎？）第三，無產階級革命勝利後，經濟權掌握在誰手裏？握有經濟權的少數人，是否又是變相的資本家；這些問題所迫出來的答案，當然就是：社會主義的來臨，依馬克斯的方法，祇是一個夢想，是無法實現的。[61]

繼第三階段的批判而來的，是批判第二階段的社會革命。波柏用了第十九章全章的篇幅，探討這問題。

波柏所理解到的馬克斯，在社會革命的原因中，首先是資本主義形成後的現象，爲什麼那末單純地祇有享受和悲慘二種事實？同時亦祇有兩種階級：特權階級的貴族，以及絕大多數的窮人？除了資本家和無產階級之外，沒有中產階級的存在，除了享受的少數人，祇有絕大多數悲慘的人的說法，不能使波柏認同。[62]

資本家與無產階級的二分法太單純，是波柏的責難之一。責難之二是：在這兩種階級相處之

---

61 同上，第三二六～三二八頁。

62 同上，第三三五頁。

下，除了流血的革命之外，沒有別的方法。這種馬克斯式的獨斷，也是使波柏不敢苟同的。波氏以爲，除了革命之外，一定還有許多別的可能性。而在波柏的社會哲學探討中，覺得在資本家與無產階級之間，尚有許許多多的階級存在着，就如地主、農民、工人、小工廠主人等。[63]而且，流血的革命一定要在無可奈何之下，才可以進行。爲什麼不設法節制資本呢？爲什麼不能叫有錢人捐錢出來，做社會福利呢？波柏在寫「開放社會及其敵人」一書時，的確已體驗到，無產階級革命，的確不是唯一不可避免的方法；那末，一八四八年的「共產宣言」所預言的，未來的無產階級革命，一定會在英、法兩國發生，至今仍未有實現，也就指證出馬克斯在這方面，的確是位假先知了。[64]

此外，在暴力革命的課題上，波柏還批評了馬克斯許多別的方面，像對暴力的定義不夠明確，對暴力的方法運用沒有界定等等。[65]

波柏的批判，最後一點就是要論及資本主義的命運的問題。波柏在書中第二十章，一開始就指責，馬克斯太過强調：資本主義自滅的理論；他說：「資本論二千二百頁的大著，幾乎全部都

[63] 同上，第三三七頁。
[64] 同上，第二七五頁。
[65] 同上，第三四五頁。

在證明資本主義自己發展，走向毀滅之途。」[66]但是，在所有馬克斯提出的論證中，波柏選出了三個重點，作爲批評的對象。

首先，波氏指出，馬克斯的經濟原則無法證明剝削的事實；因爲，經濟的成長亦可以在互惠的原則下進行，而不一定是資本家剝削工人，才會發展資本主義。其次，是價值問題，經濟價值在生活必需與生活享受中，在平面的考察中當然看不出其差異；但是，若深一層去看，主觀的價值却顯然的不一樣。第三點是：馬克斯的學說原是屬於形上學的，因爲他必須設定一絕對的價值標準，而這絕對的價值又必需不變，否則就不足以支持他的價值理論。[67]

綜論波柏對馬克斯的批判，也就是資本主義不一定非要無產階級用暴力來推翻不可，而且，如果無產階級眞的革命成功，也不可能建設社會主義。

在結論整體西方歷史的探討之後，波柏再次地提出「歷史」的課題，直截了當地問及：「歷史有意義嗎？」在這方面，波氏採取了相當悲觀的看法；因爲他所探討過的歷史，都是政治的權力鬪爭史，因而很順理成章地，結論出：歷史沒有意義！[68]這亦當然與他反對「歷史主義」的人生觀有關。

---

[66] 同上，第三五四頁。
[67] 同上，第三六一～三六五頁。
[68] 同上，第四五三頁。

第二章　觀點與方法

我們在第一章第一節中，已經提及了波柏的科學方法的運用，他的「研究的邏輯」一書，就已表明了自己對經驗主義以及實證主義的嚮往，以及對這種方法在學術上的運用。

因此，在方法的第一步的考察上，也就是經驗主義的歸納法的運用。歸納法的根本探討與全面性的討論，出現在他一九七二年出版的「客觀知識」一書中；而且，早在一九六三年出版的「臆測及反駁」書中，已經提出了科學方法的運用，首在歸納法。這種科學方法的歸納法，是指從個別的具體的事實和事件的考察，綜合出原理原則；因而，這原則一定有事實做根據；而且，獲得的原則亦一定可以用到。就如在「開放社會及其敵人」一書的第九章中，特別討論到烏托邦式的工程師與漸進式的工程師的相異處時，就處處表現出，波柏的經驗主義歸納法的傾向，覺得社會的建設工程，不是在對未來十全十美的社會的嚮往和描寫，（這些都屬於幻想，不切實際！）而是落實在現實社會中，對不善之事逐件逐件地消除，以期減少罪惡的發生，而一步步邁向完美。⑲消除現實的、具體的惡，以漸進的方式，邁向理想的社會，顯然的就是經驗主義的思想模

⑲ 同上，第一五五頁。

式。而先界定一種最終的完美理想，然後以工作爲行事的原則，來建設社會，這是理想主義，是柏拉圖、黑格爾、馬克斯等的思想類型。而波柏是反對上列三位思想家的。

經驗主義的根本在於實驗，能够透過感官的把握而成爲知識的淵源。當然，正如前面所提過的，經驗和實證並不完全相同，經驗主義的方法和實證主義的方法，也有基本上的差異，因而，像邏輯實證論的「檢證原則」，亦並不是波柏所樂意利用，因爲，後者所涉及的「還原」問題，很可能有歷史主義的誤會危機。

還有更進一步的理由，與經驗主義方法並行的，波柏提出了「理性」。顯然的，「理性」概念，並不是理性主義的理性，因爲後者停留在知識論的層面；而波氏的理性是帶有道德色彩的，是要落實到具體的社會政治上面的，卽所謂的「理性生活」，或是「合理生活」。當然，這「合理」二字的理解正好是反對，或是反對迷信，反對一切使人無法瞭解的行爲理由。

上面亦曾提及過，在波柏的思想中，科學化和合理化，原是同義異字的。關於這點，「研究的邏輯」一書，描寫得最爲清楚。

「經驗」「合理」「科學」因而就構成了波柏方法論的核心，而這些方法的運用和描述，都不是互不相關，各自爲政的，而是完全統一在「人」的身上。「人」的含義，在波柏哲學中，一方面是認知的主體，但是，另一方面則是道德的主體。認知的主體靠經驗和理性，道德的主體則靠理性本身。於是，「人」無論在認知的能力中，或是在做事的表現中，「合理化」都是共同的準則。

「人」的思言行爲的合理化，因而就是政治哲學、社會哲學的根本原理，同時更是人類行爲的實踐規範。但是，「人中心」的意義，不是空談人類，空談「人」的抽象名詞，而是「個別的人」。波柏社會哲學的構想，「個別的人」才是愛與被愛的對象，「個別的人」的權利才是爲政者所當關心的事情。那些以國家高於個人，民族優先於個人的政治原則，波氏一概冠以極權主義，而屬於封閉社會的體系；唯有尊重個人權益，衞護個人尊嚴和價值的，才是開放社會的模型。

從上面探討的方法中，直接導引出觀點的課題。波柏不喜歡用一些堂皇富麗的字眼，來炫耀學說體系的偉大，而寧願很落實的，具體可指的事物，作爲自身學說的觀點。就如「個別的人」，就是他的基本觀點；配合了他的歸納法的運用，以爲政治先要爲個別的、具體的人，然後才能有民族、國家、社會、羣體，等等的一些集合名詞的出現。甚至，像幸福、快樂、滿足等等的抽象名詞，當然具有共相性，但是，個別的幸福事件，或是具體的快樂事件，倒是波柏着實關心的。更進一層，波柏在這方面，寧願在消極的一面，先把惡事一個個地剷除，當作是最現實、最有效的方法，而不是空口提及共相性的「善」的名詞。

當然，波柏也正如其它所有的經驗主義者一般，對「絕對」概念沒有興趣，以爲那是歷史主義以及極權主義所慣用的名詞；而波氏自己，透過本身認可的方法，所獲得的，當然也止於「近似值」或「或然率」而已。就如在漸進的工程師對社會建設的意見中，總是具體地一步步除去人間世的惡事，剷除人間世的醜惡，因為除惡固然算是改善，但畢竟就不完全等於為善，因而，在許許多多的除惡工作中，所加起來的成果，也就不必成為絕對的善。雖然如此，波柏還是認為具體的、現實的社會，仍然需要漸進的原則；其根本的立場也還是漸進的。方法中的個別性，各別的具體立場，個別的人的觀點，人本的精神，都是瞭解波柏學說重要的因素。

第三章　內在涵義

「開放社會及其敵人」的第十章，波柏用了各種不同的方式，描述了封閉社會與開放社會的特性（事實上，波柏在所有著作中，都喜歡用「描述」的方式，去說明一樣事情，而不習慣用哲學性的、確切的定義來界定事物）。在描述的整個過程中，用了不少波氏自身原來反對的抽象詞，來界定什麼是封閉社會，或者什麼是開放社會。而且，在描述中，更喜歡用歷史的發生法，來說明社會的起源。就如，論及封閉社會時，就提出原始社會中，如何從神話的巫咒神權社會，過渡到部落社會，然後再到羣體社會，而這種形成也就是封閉社會的形成。[70]至於開放的社會，

[70] 同上，第一六九頁。

那就是「偉大世代」，因爲它主張民主、平等，而且以個人爲基準，不是以羣體爲單位；在偉大世代中，人民所享有的，是平等的正義，是理性的自由；在偉大世代中的生活是合理的，個人不會遭受到不公平的待遇等等。[71]於是，封閉社會是封閉在種族中，狹小的團體中；反過來，開放社會是向着世界開放，向着世界上每一個個別的人開放。波柏開放社會的觀念，雖然來自柏格森，但是，其開放社會的內涵，却不是柏格森向着神秘，向着最高精神世界的宗教發展，而是向着具體的、個別的人能感到的，落實到現實社會中的民主、平等、權利等課題。

在「開放社會及其敵人」一書中，第一部份的引言就先指出社會的兩種型態，先是培里克利斯(Pericles)對開放社會的描寫，那就是「雖然少數人創立了政治，但我們全體都可以批判它。」[72]「批判」在這裏，成了「開放社會」本質上的東西。創立政治，或是管理政治，當然祇是少數人的事，但是，全體公民都有權加以批判。這種原則至少導引出下列各點：

其一是：各個公民都能參與管理衆人之事，都可以提出自己的意見，甚至是不同的、或相反的意見。這就意味着民主，也就指出在民主政治中，政府有能，人民有權的原理。

其二是：在這種民主的制度中，政府不再是極權主義的，它的命令，它的作法，不可以以自己的權利或喜好爲依歸，而應該以公民的利益和意見爲準則。這也就導引出第三點。

---

[71] 同上，第一八〇頁。
[72] 同上，第九頁。

其三是：人民有自己的意見，而這意見當然應是合情合理的；也就是說，政治的功能，落實在教育方面的，就是敎導人民用理性，訓練合理的思考，讓百姓自己去想通政治大事；而不是由行政人員去灌輸思考的內容。在波柏看來，凡是用宗敎的敎條，或是道德的規範，絕對化之後，去束縛公民思想的，都是開放社會的敵人。

以上三種條件的提出，其實都可以在「開放社會及其敵人」一書中，到處找到。其實除了上面三點之外，更重要的一點就是：

其四是：平等的信念。少數人管理政事，大家都可以對它批評。這「大家」當然包括了那些管理政事的人本身在內。在這裏，平等的意義，並不是說，每一個人所提出的批判意見，在價值上都等量齊觀，而是，每個人在出發點上的批評權利相等。人民的出發點地位平等，這是當代民主社會本質之一。也就因此，波柏在「開放社會及其敵人」一書中，直覺到法西斯主義的不對，因爲它有「特選民族」的異端；而且，亦明白表示出，馬克斯主義的錯誤，因爲它把無產階級當成了「特選階級」。「特選民族」也好，「特選階級」也好，都在相反『平等』的原則。因而，波柏正本清源地，在全書的重要脈絡中，找出這法西斯主義以及馬克斯主義的來源，而終於找出了黑格爾的思想路線。在思想家的探源工作中，波柏指出了從赫拉克里圖斯到柏拉圖，到亞里士多德，到黑格爾，再到法西斯和馬克斯的思想發展方向；而稱他們爲開放社會的敵人。同樣，在思想模式探源方面，指出歷史主義、極權主義、種族主義、階級主義，都是封閉社會。在波柏的嚴厲批判中，甚至不惜把過去許多世代的思想，都當作錯誤的思想經驗；就如提到馬克斯時，評爲「馬克斯主義……在永恒以及危險的危機中爲建立一個更好更自由的世界，所犯的許多錯誤之一。」

「平等」概念是波柏社會哲學中的核心，環繞着這核心的，就是民主、自由、理性。

如果我們想在「開放社會及敵人」一書中，找尋開放社會的內在涵義，就必須先認清該書的寫作方式。雖然，波柏自己認爲是在正面探討歷史哲學[73]，而且在歷史的發展中，指出開放社會的本質；可是，事實上，波柏的寫作方法，並不是直接談開放社會，而是眞眞實實地寫了一部「封閉社會發展史」，至少是關於「開放社會的敵人的發展史」。因爲全書所探討的，是依序爲柏拉圖、黑格爾、馬克斯；在柏拉圖之前談論了赫拉克利圖斯，在柏拉圖之後，加上了一些亞里士多德的東西，就整體思想而言，波柏所提出來的人物，絕大部份是他反對的，是他認爲是開放社會的敵人的。

當然，在提到柏拉圖時，亦一併提到培里克利斯，認爲後者是開放社會的代表人物；或者，間中亦提一提德謨克里圖斯（Demokritos），以爲他是開放社會的朋友。但是，有關培里克里斯，以及德謨克利圖斯的思想，書中提到的少而又少，而有關柏拉圖的篇幅，則是非常攸長。如此，我們要濃縮出，或是從中抽離出開放社會的內在涵義，唯一的方法，就是從波柏反對柏拉圖

---

[73] 同上，第十一頁。

的各項理論中，去找尋體系。當然，波柏在描述柏拉圖，或者黑格爾，或者馬克斯時，是有體系的，而反對他們的思想所作的理論，也是有體系的；但是，能否用這些體系，建構成一種開放社會的體系，則是頗成問題的。就如：波柏認爲柏拉圖有歷史主義之嫌，而歷史主義對事件的武斷，是屬於封閉社會的。但是，什麼是歷史主義的反面呢？針對歷史主義的封閉系統來說，什麼是開放社會呢？

還有，波柏設法以歷史主義作起點，而導引出極權主義，然後把極權主義當作開放社會的敵人；在這裏，極權主義的對立，比較明顯，可以用民主來表達；然而，民主的來源是什麼？其類此的情形，是否也正好等於極權主義源自歷史主義？在這裏，我們也許就得拐個彎，把歷史主義說成命定論，這樣，歷史主義的對立，也就是「自由」了。這末一來，「自由」與「民主」也就是開放社會的內涵。

接下來的就是波柏批判黑格爾的部份，可總括爲「種族主義」；種族主義在波柏的意見中，亦是開放社會的敵人，亦是屬於封閉社會的。種族主義的表現，也就是從黑格爾哲學導引出來的兩個極端：極右的法西斯主義，與極左的馬克斯主義。法西斯主義是種族主義的一面，表現在「特選民族」的意識中；這意識從猶太民族的「選民」信念，一直到德意志民族的唯我獨尊。這種民族的唯我獨尊思想，不但高估了自己種族的地位，而且壓低了其它民族應有的尊嚴。馬克斯主義是種族主義的另一面，它强調的不在血統，而在職業的經濟分配上，以爲無產階級具有特權，而可以發動革命，打倒資本家，而且瓜分後者的私人財產。這顯然的可用「特選階級」，或是「特權階級」來形容。

「特選民族」或「特選階級」都享有特權，在社會中都是特權階級。特權階級的存在，在波柏看來，就是開放社會的敵人，就是封閉社會。顯然的，取消「特權階級」的基本立場，也就是「平等」的信念。

這「平等」的信念可以和前面提及的「出發點的平等」，有同樣的意義；也可以將之看成爲達到平等的「法治」的運用，「法律之下人人平等」，也就是波柏開放社會的另一內涵。

討論到這裏，我們就已經有了「自由」、「民主」、「法治」、「平等」四概念，作爲波柏開放社會的內在涵義。

現在所留下來的問題是：如何去實踐以上所主張的自由對極權，民主對專制，法治對人治，平等對特權？在波柏方法論的探討中，落實到具體社會上的，除了在建設社會所提出的「漸進的工程師」以及「烏托邦的工程師」二種模式之外，就是馬克斯式的流血革命。波柏一方面反對烏托邦的工程師模式，他方面亦覺得馬克斯的方法犯了致命的錯誤；於是，祇留下了「漸進式的工程師」模式，才是可行之道。而漸進的方式如其說是一步步地建立積極面，又不如說是一點一滴地除去現有的惡。在波柏對惡的一般理解中，總以爲來自「不合理」；這「不合理」可以來自神話、來自教條、來自權威、來自迷信；而人們之所以服從神話、教條、權威、迷信，原就是因爲一方面人們不肯用自己的理知，設法自己去理解事實的眞象，去批判那些由神話、教條、權威、迷信所賦予的內容；另一方面則把自己封閉在歷史主義命定論之中，沒有勇氣挺身而出，抵抗命運的安排；不敢相信自己的命運原是操在自己手中，而不是受制於不可知的神秘力量。

這一切的解釋，都可以濃縮到「理知」「理性」概念中。「理性」也就成了人類爲達到自由、民主、法治、平等的最重要法則。用最簡單的一句話來說，就是「合理的社會」。在合理的社會中，自然就要剷除（漸進的，不是急進的流血革命）極權的統治，制止專制的政體，從人治引導到法治，反對特權；而創建自由、民主、法治、平等的開放社會。

合理的社會，就是開放的社會；不合理的社會就是封閉的社會。我們可以用這兩句話來濃縮波柏的學說內涵。

第四章　當代意義——批評與檢討

因爲波柏敢於用理性，批評了西方歷史發展中，幾位足以代表西方各分期的大思想家，他的「開放社會及其敵人」一書問世之後，幾乎成了衆矢之的；許許多多的思想家，都寫書評或文章，責難波柏。而波柏也勇於接受挑戰，一有機會就提出辯解。這些辯解有的就附在他的原書新版本之後，❼❹有的被收集在「卡爾波柏哲學」二巨册中❼❺。尤其是後者，一共收集了三十三篇別人有關波柏的批評文章，同時亦刊登了四十七篇波柏的辯白；這些批評和辯白，都是經過編者細心地有體系的分類，編排而成；二巨册含波柏的自傳以及索引，總共達一千三百二十三頁，二倍於波柏的原著「開放社會及其敵人」。由此可見波氏這本著作所引起的學術討論的熱潮。

在三十三篇批評的文章中，包括了當代邏輯家對他方法論的責難，包括了波氏與傳統方法關係的探討，也包括了從知識到本體的心物問題的討論，甚至，波柏在心理學上意見的發表，也受到批評；當然，有關歷史主義的問題，有關對傳統的哲學家柏拉圖的批判，有關對馬克斯的批判，都是討論的焦點。❼❻而波柏的四十七篇辯白，更是洋洋大觀，而且分門別類地分成：引論、界限問題、歸納問題、進化與第三世界、理性、批判主義、邏輯問題、可能學理之客觀性、歷史學與社會哲學。波柏用一種相當有體系的方式，再次從正、反兩面，表明了自己對「開放社會」的見解；可以說，在這部「卡爾波柏的哲學」大著中，讀者比「開放社會及其敵人」有更清楚的認識，這當然是因爲集合了當代許許多多思想家，共同思想的成果。

綜合「開放社會及其敵人」以及「卡爾波柏的哲學」的思想體系，我們可以濃縮成下面幾

---

❼❹ 同上，第四版。
❼❺ 同❼。
❼❻ 同上。

點，一方面檢討波柏的思想，另一方面提出一些個人的看法和對波柏學說的批評：

一、波柏的「開放社會」的「內在涵義」，無論是內容的自由、民主、法治、平等，亦無論是方法上的理性運用，都無可厚非，而且的確是締造當代開放社會所必須的；換句話說，筆者完全同意波柏的「開放社會」的「內涵」。不但如此，在「開放社會及其敵人」一書中，所用的方法，亦是可圈可點的；波柏並不是用寫教科書的方式，或是一般論文的格式，正面地探討「開放社會」，而是從西方整體的歷史演變中，指出封閉社會的種種理論，從側面去看「開放社會」的精華。在這方面，波柏的確做得十全十美。

筆者同意波柏「開放社會」的內涵，欣賞波柏描述開放社會的方法。

二、也就在波柏用的側面方法中，由於批判了整個西方的文化史，而且，幾乎否定了西方傳統中的幾位典型代表的人物；像柏拉圖、黑格爾等人，都受到波柏極嚴厲的批判；因此而遭受到許多專家學者的非議。也許因爲波柏涉及的思想家太多，而其社會哲學的範圍又拉得太開，問題的提出與答案的嘗試，都涉及過廣，因而，要爲所有的責難都舉出盡人滿意的答案，當然就屬不可能。當然，波柏還是站在他自己的立場，强調自己的方法，解釋自己的觀點，也就在所有的辯護背後，筆者總覺得還是有許多問題，有進一步討論的必要。

首先就是在攸長的「歷史」發展探討中，對柏拉圖、黑格爾、馬克斯的各別理解，波柏是否有所偏狹？然後就是對「開放社會」的理念，如何能在側面的「開放社會的敵人」中彰顯出來？

甲、先在「歷史」探討的個人方面：波柏用了很多篇幅探討了柏拉圖、黑格爾、馬克斯的整體思想，而設法從整體思想中，去落實到社會政治之中，來指出他們在「開放社會」建構努力中的失敗，甚至，强調出某些思想家竟是開放社會的敵人。

現在，問題也就在於：波柏是否懂透了那些他所批判的思想家的思想？

我們請分段來討論這問題：

⑴**柏拉圖**：有關柏拉圖的課題，波柏直接從赫拉克利圖斯的「萬物流轉」學說，以及其「不變原理」的二元學理，界定了柏氏的學說爲「變化是魔鬼，靜止是神明」[77]，甚至以爲「改變階級是罪過」[78]。這種推論以及思想基礎的認定，事實上是誤解了柏拉圖的思想。難道說柏拉圖的整個「理想國」以及「法律」的著作，不都是在設法改善當時的政治社會？柏氏所提出來的政治，哲學王，不都是在「改變」當時的時局？至於指陳柏拉圖「改變階級是罪過」的主張，則更是子虛烏有；柏拉圖的正義概念，根本上就是爲了人際關係的不公，爲了奴隸制度的不人道而設立的。柏拉圖把人的靈魂寄托在超時空的觀念界，不就是要說明「人人平等」的原理嗎？柏拉圖的理想國的教育設計，所有小孩子都由國家來統一教育，其目的不也是要消除家庭階級嗎？還有，理想國中的教育制度與考試制度，不都在設法做到「人人平等」、「機會平等」、「出發點平

[77] 同[26]。
[78] 同[31]。

等」的地步嗎?

波柏單用「變化」「不變」的概念做出發點,誤解了柏拉圖改革的一番苦心。

筆者覺得,波柏誤解柏拉圖最重要的一點,就是柏拉圖對理想國的分工制度,以為每個人天生智愚不等,因而,當有不同的工作去適應,其工作的不可替換性,是指依天份而分工,非指階級不能變。[79]而柏拉圖在理想國中的教育制度,也正是針對人的工作能力提高的訓練,其考試制度也正是堅持出發點平等的原則。

這末一來,柏拉圖的確主張平等,而且是人道主義者,是開放社會的朋友,不是開放社會的敵人,不是極權主義者,更不是歷史主義者。

其次,波柏以為柏拉圖肯定「哲人」的優越地位是貴族階級的心態,更進一步,以為是種族主義者。其實,柏氏的哲學王是考選出來的,相當於民主時代的公平考選制度(理想國中,貴族子弟可以參加考試,奴隸的子弟仍然可以參加考試,而且,貴族和奴隸的子弟都統統由國家扶養,根本上就在為平等鋪路)。而且,正因為柏拉圖從沒强調希臘精神,而懷有世界主義的心胸,其觀念界的理解,絕沒有「特選民族」的任何痕跡,何來種族主義?[80]

(2)黑格爾:對黑格爾的哲學,波柏根本不理會其哲學內容,而一開始的攻擊就是無情的,而

[79] 同上,第五〇頁。
[80] 同上,第一四七頁。

且站在分析學說內容之外，說黑格爾思想的動機是德意志民族主義的復興；而且，不管這大前提是否已經證實，就過渡到結論之中，那就是：黑格爾是當代歷史主義與極權主義之父。[81]而且，極權主義的表現是：國家至上，人民祇是爲國家存在的工具；歷史主義的表現則是：世界整體的發展是到達絕對精神的理想；種族主義的表現，就是德意志民族至高無上，而其它民族則是低等民族。

有關黑格爾種族主義方面的責難，有考夫曼（Walter Kaufmann,1921-1981）出來，替黑格爾辯護，氏在「從莎士比亞到存在主義」(*From Shakespeare to Existentialism, 1959*) 一書中，特別批評了波柏對黑格爾的批判。考夫曼一開始，就毫不客氣地，指責波柏誤解了黑格爾；[82]接着指出眞正誤解的理由與反證，那就是：波柏完全用「動機」來批評黑格爾；但考夫曼却指出，波柏用更壞的「動機」衡量了黑格爾，而且，也指證出這些動機的指陳並不合乎事實。[83]最嚴重的批評，在筆者看來，就是考夫曼毫不保留地，把波柏翻譯黑格爾著作嚴重錯誤的地方，全盤托出，不但指出波柏有意曲解黑格爾，而且指出波柏對黑格爾學說知識不够。[84]因而才

---

[81] 同[41]。

[82] Walter Kaufmann, *From Shakespeare to Existentialism*，同上，第九七頁。

[83] 同上，第九八、一二四頁。

[84] 同上，第九八、一〇〇、一〇一、一〇四、一一三、一一七頁。

在最重要的批評中，捨知識而走向對「動機」的臆測。

雖然，在「開放社會及其敵人」第五版中，書後增加了不少篇幅（廿六頁），回答了一些責難、批評，但是，仍然沒有對考夫曼的正面回答；而是側面地提出了一些反證。85

筆者對波柏在這方面亦有一些不敢苟同的意見，其中最重要的是：波柏在批判柏拉圖時，用的是學說內容（如果用動機，則必需承認柏拉圖是開放社會的朋友，而不是敵人）；而在衡量黑格爾時，則完全用動機（如果用世界精神的內容的話，黑格爾便成了世界主義者，而不是民族主義者，更不是種族主義者了）。何以用不同的尺度來做學術的工作呢？

波柏對「副作用」和「原因」混爲一談，亦是他誤解黑格爾的根本理由之一。他把黑格爾的極右的法西斯，以及極左的馬克斯，都作爲黑格爾思想所引起的。我們姑且不論法西斯主義早於黑格爾的事實，86稍爲懂得唯物論起源的人，都曉得黑格爾左黨，原爲反對黑格爾觀念論而起的，絕不是延續或發揚黑格爾精神。說唯物論起於對觀念論的反動可以，說馬克斯主義是黑格爾思想的副作用可以，但是，說黑格爾是馬克斯主義的原因則不可。有人拿菜刀去殺了人，這殺人的罪過絕不能歸罪於刀匠。馬克斯主義的「特選階級」怎末也不能說，是黑格爾思想導引出來的。

85 Karl Popper, *Open Society and Its Enemies*, 同上，第三九三～三九五頁。

86 同82，第一〇四頁。

(3)馬克斯：波柏對黑格爾的批評，用了最壞的動機，而對馬克斯的批評，則用最好的動機。[87]而且，許多地方都在爲馬克斯辯護，[88]以爲馬克斯的動機是正確的，祇是其方法錯誤。筆者在波柏對馬克斯所寫的章節中，有一點最無法認同的，是波柏走離了自已經驗主義以及實證主義的原則，而用了完全形而上的理論來支持他對馬克斯的觀點。筆者以爲，馬克斯對社會正義的觀感，原是在病態的工業革命後期所獲得，診斷可說沒有錯；但是，處方却大有問題；而且，這醫治病態社會的處方更不宜適用於正常社會的發展。波柏不是沒有看見馬克斯對資本主義出路問題的誤解，也不是不瞭解無產階級革命成功的勝算違反了經濟決定論，更清楚無產階級革命後的無階級社會純屬烏托邦，但是，波柏仍然抱定決心，替馬克斯辯護，覺得後者的原則和前提沒有錯，祇錯在方法和實踐。

其實，歸納法最根本的原理，應該在於事實的收集，而用事實的尺度來衡量原則。波柏現在爲什麼不用馬克斯主義實行的事實來衡量唯物論的原則呢？單就拿「平等」和「自由」二概念來說吧！共產國家那一點比其它的國度好？

波柏眞正批評馬克斯的地方，就是後者的經濟決定論，而且以爲馬克斯主義方法最大的錯誤，就在於不曉得運用政治，不知道政治重於經濟。關於這點，站在經驗主義講求事實的立場，

---

[87] 同上，第九八頁。

[88] 同[85]，第三〇一、三〇六頁。

波柏又犯了嚴重的錯誤，當今的共產國家，不都在政治上壓制得非常成功，而在經濟上澈底失敗？這種事實也不許波柏否認。[89]

附帶的還有一點，算是波柏「開放社會及其敵人」一書最違反事實的例證，那就是他爲了替馬克斯主義辯護，而舉出了蘇聯進步的實例。[90]筆者眞不知道，在這方面應該用何種形容詞，來說明共產主義世界的「開放」性，而讓波柏在這方面不覺得無地自容。

有關波柏對馬克斯的見解，筆者祇能够作一簡單的提案：用同一的尺度去衡量「鬪爭」和「仁愛」的學說，站在人道的立場，去瞭解人性！用同一的標準去觀察共產國度中的人民，以及自由地區的公民，看看何者符合了「自由」「民主」「法治」「平等」「理性」的生活條件！

乙、再在「開放社會的敵人」的探討中，彰顯出「開放社會」的方法上，筆者以爲，如果波柏不堅持自己的側面方法，而直接羅列出「開放社會」的條件，然後甚至給予「開放社會」一種確切的定義和界說，作爲積極面的一種學術探討；再後從歷史的許多違反開放的學說抽象的名詞中，提出開放社會的敵人。這種方法看來比較僵化，但可避免許多不必要的爭論。就如：提出自由是開放社會的特性，而指出極權主義是自由的障碍，那末，順理成章地，結論出極權主義便是開放社會的敵人；而用不着節外生枝，說柏拉圖是極權主義者，而在柏氏著作中，找尋足以證明

---

[89] 同上，第三一六頁。
[90] 同上，第三三二頁。

其爲極權主義的論證；到後來發展的情況是：問題的討論已經不是「開放社會」的問題，而是走向了柏拉圖是否爲極權主義者。同樣，與其要證明黑格爾是種族主義者，倒不如說是「平等」是開放社會的先決條件，而種族主義主張不平等（管他是黑格爾，或是納粹，或是法西斯，或是大和民族，或是猶太民族）；因而，種族主義是開放社會的敵人，因而要消除種族主義的異端；大可不必把精力花在證明黑格爾是種族主義者的課題上，爭論不休，而且亦不可能爭論出效果來；就是證明了黑格爾的的確確是種族主義者了，對開放社會又有什麼直接貢獻？

總之，波柏費了許多心力，幾乎都把主題：社會哲學建立開放社會的目的給忘掉了、給忽略了，而把研究和討論的重心，轉移到討論柏拉圖、黑格爾、馬克斯的思想探索和爭辯。波柏自己爲自己惹了麻煩，把問題拉得太廣，而且沒有把握住課題的重點。

波柏在內在涵義中，把幾位傳統中認爲大時代的大人物都否定了，其精神固然有尼采的氣派，要改造價值的取向，其批評精神可嘉，其勇敢精神可佩，但其方法則非常可憐！尤其是他把哲學當作是封閉社會[91]，會使人覺得這是他的偏見，是他內心的封閉，因而才對世代的哲學家不懷好感，而用了最專制的方法，去批評他們的學說。[92]

三、我們再深一層，在波柏的觀點上作一研究，就會發現，這正是波柏所有麻煩的根本起

---

[91] 同上，第一八三頁。

[92] 同[82]，第九七頁。

源，波柏反對形而上的直觀方法（雖然在討論馬克斯的篇章中有了顯著的例外），因而就不惜走進「不能以人性作基礎」的觀點，[93]這是波柏學說在開放社會中最致命的地方。當然，波柏不會愚蠢到公開表明違反人性，他對「不以人性作基礎」的解釋，也不是指的在社會實踐中，不以「人」爲本，而是「國家」「民族」或「神本」。但是，在整個「開放社會」的設計中，除了「人性」的尺度之外，如何能捨去這一般性的「全體人類共有的人性」，而反而注意到個別的人的「自由」「平等」等信念？

四、正因爲波柏對「開放社會」探討的指標沒有完全把握住，而把課題的核心轉移到爭論「誰是開放社會的敵人」問題上，因而忽略了開放社會中，極重要的問題，那便是對價值批判中，在具體社會實踐上，多元社會與多元價值的問題。在一個開放社會中，是否仍然有單元的價值，作爲一切措施的準則；或者，在以個別的人爲社會的根本份子，而應該以開放的心胸，許許多多不同的意見，一齊表達出來，互相切磋，互相討論，以互相尊重，彼此學習的態度，形成多元價值的多元社會？有關這個問題，臺省知識界曾經有過意見的溝通，[94]而且亦會有過回響，而

---

[93] Karl Popper, *Open Society and Its Enemies*, 第二九一頁。

[94] 中國論壇半月刊，第十卷第六期，座談：多元社會與多元價值，民國六十九年五月四日，第七～三二頁。

且有了初步的成果。95

結論

因了教育水準的提高，在當代社會中的人，自覺不斷地提高，社會意識也因而逐漸加深；更因了科技和經濟生活水準的普遍提高，人類生活中除了生活必需所佔用的時間外，已經有許多的時間作爲休閒和思考用；因而，個人的自覺，人際關係的反省，當代生活的批判，就無可避免地走向開放社會的探討。人在社會中所眞實扮演的角色，與人在羣體生活中所應當有的地位，都漸漸地成爲討論和被關心的課題。先且不把社會最終目標的「天下爲公、世界大同」理想，作爲探究的對象，單就針對目前的一些缺失，具體地作一一修改的努力，就已成爲所有社會工作者，所關心和力行的對象。對社會哲學家而言，原則的獲得與認同，總是要比實踐的具體層面，來得更根本，更顯得需要；因爲，他們總以爲原則才是實踐的依據，沒有原則的實踐會擾亂社會秩序，沒有實踐的原則又會落於空談。於是，社會工作者必需在工作之先，先在理論上融通這原則和實踐二者，一方面使知和行合一，另方面亦可在實踐的進行中，逐漸修正原則可能有的缺失。

---

95 就如二十一世紀第一卷第七期的回響等。

儘管在批判波柏對開放社會探討時，毫無保留地提出了許多不同的看法，甚至嚴厲的批判；但是，波柏對這問題本身的提倡，尤其準備接受挑戰的心靈，是非常值得嘉許的。無疑的，開放社會的研究，必定有助於人類在未來歲月中，在政治和社會的措施中，有了基礎性的思考資料；甚至，有某種程度的啓發性。

這些賜與，都不得不歸功於波柏的研究和倡導。

辯證方法

辯證法原是西洋哲學最根本方法之一，它的起源要追溯到紀元前五世紀。辯證法主要的是探討思想的邏輯進程，設法指出思想法則所表現的形式，以及思想與存在之間的關係。尤其是在思想的進程上，表現到人與人之間語言溝通的情事上時，就形成正面的陳述，與反面的辯駁；這一正一反的理論探究，就形成了辯證的表象形式；再加上正反辯論所獲得的成果，於是構成了辯證的整體。學問的產生，以及知識的獲得，在西洋哲學傳統的理念下，都必需經過辯證的程序，才到達準確可靠的地步。

西洋學者的這份信念，一直表現在各種學問的作業中，至十九世紀黑格爾集其大成。黑氏用唯心論的極端辯證，包羅了天地萬物以及整體人生；這種唯心論的極端發揮，刺激了另一極端——唯物論的出現。唯物辯證採用了西洋傳統的辯證形式，却排除了精神的內容，而用物質來取代精神。再加上人類社會中的經濟因素，而落實到政治之中，就形成了共產主義。共產主義的赤化蘇俄，泛濫中國大陸，肆虐中南半島，威脅全世界的和平，其思想的根源，以及其用來爲學說、爲主義辯護的，莫不起源於辯證法。

水能載舟，亦能覆舟；辯證法幫助了西洋建立哲學，二千多年來，一直是正確思想的衞護者，一直忠於人類，忠於思想，忠於事實；但是，在十九世紀後半期之後，配合了各種末流思想的實證、實用、功利、進化，而開始爲唯物共產服務，形成人類有史以來，所遭遇到的最大浩刼。面對這種思想法則，我們在探討思想，在作學術工作的人，一定得好好地加以研究，明其眞象，破其迷津，取其長而棄其短，俾在哲學的入門功夫上，不致走入歧途，而能明辨是非，判斷眞假；在追求眞理的道途上，找出有效而且保險的思想方法。

現在，我們就分三個面向來討論辯證法的課題：首先，我們用完全客觀的態度，站在辯證法課題之外，來看辯證的歷史發展，看看它的起源、背景、方法的運用，思想形式的發展，以及各時代所呈現的辯證面貌；尤其是它到了十九世紀，如何被利用作爲唯物共產的方法，作爲奴役人類、危害世界的工具。

在客觀地探討辯證法的歷史發展之後，我們就進一步，深入辯證法的堂奧中，在辯證法的內部去考察其內容；這就是第二部份的內在涵義。在辯證法的內在涵義中，我們將很容易地發現，唯心論者把精神絕對化，以爲辯證形式所涵蓋的，盡是精神體；另一方面，則有唯物論的相反方面的學說。唯物論者把物質絕對化，以爲宇宙萬象，都由物質構成，而辯證的全部內容，亦是物質。在辯證法的內在涵義中，我們不但窺見了思想的邏輯形式，而且看清了唯心、唯物的兩種極端內容。

在進入到辯證內在涵義，看清了辯證的內容之後，並不是死在辯證之中，更不是從此就成了辯證的信徒，而是仍然要走出來，站在我們自身中華傳統文化的立場，來作一番分析、批判、取捨的工作。這就是第三部份的當代意義。辯證法的當代意義所涉及的，不但是思想法則的形式問題，同時也涉及到思想內容的課題；唯心的極端催生了唯物，唯物落實到政治時成了共產，共產的叛亂使人類生靈塗炭；在當代的思想中，我們如何破除共產邪惡？是爲當代思想界義不容辭、責無旁貸的神聖使命。要破除共產邪惡，就必先要破其思想源流的唯物辯證，要破唯物辯證，就必需認清唯心辯證的缺失；但是，唯心辯證原是西洋從古到今一貫的思想方法，要破唯心辯證，豈不就等於要否定西洋全部哲學？這當然是辦不到的事。因此，我們要另建立體系，在哲學思考內容上取唯心辯證之長，但亦不否認世界上物質的存在；因而，三民主義的心物合一論，在這裏就眞正包含了辯證的所有長處，而同時又避免了它可能有的短處。以心物合一論的辯證方法來取代西洋的唯心或唯物的辯證法，才是我們研究辯證法最大的目的和目標。

我們這就開始，分三個面向來深入討論：

壹、辯證法的歷史發展

一、希臘是西洋文化的發源地：西洋文化的發源首推其對抽象思想的反省。早在紀元前五世紀時，就有赫拉克利圖斯（Herakleitos, ca. 544-484 B. C.）發現了思想與存在之間的關係，而以爲無論思想本身的衝突，或是存在與存在之間的衝突，或是思想與存在的衝突，都是進步的象徵，也是各種存在的起源，因而提出了「戰爭是萬有之父」的原理。與赫氏同時代的帕米尼德斯（Parmenides, ca. 540-470. B. C.），更能在思想的法則上，找到了同一律、矛盾律、排中律的特性，而發現思想與存在原是一致的，思想就等於存在。帕氏弟子齊諾（Zenon, 490-430 B. C.）更進一步，利用龜兎賽跑，飛矢不動等思想與事實間的不協調，否定了感官世界的眞實性，而祇承認思想才是存在的最終基礎。齊諾以爲：在常識中，兎子總是比烏龜跑得快；但是，在理論上，祇要烏龜在兎子前若干距離，爲什麼兎子永遠趕不上烏龜呢？因爲兎子就是再快，也必需首先跑到烏龜原來停留的地方；但是，當兎子跑到烏龜之處時，烏龜就是再慢，也向前移動一些距離，如此一直繼續下去，豈不證明兎子永遠在烏龜之後？這是思想的知識問題，與前面的常識不符，齊諾相信知識，因而覺得常識不對。這是希臘最早的辯證嘗試。不幸的，這嘗試偏向了唯心論。

二、唯心體系的繼續發展，就是詭辯學派的形成。詭辯學派利用思想取代常識的成果，用辯證來爲自己爭取政治上的權力，或是在積極上提出「人爲萬物的尺度」，或是在消極上否定所有常識的準確性；因而，在政壇的權力運用上，「把弱的說成强的」，「口才好比毒藥，可以毒化一切」。這種祇有利害關係，沒有是非觀念的思想，原就是早期辯證的惡果。

三、在辯證陷入强詞奪理的桎梏中時，有蘇格拉底（Sokrates, 470-399 B. C.）出來，提出了辯證的基本原則，首先以爲，所有的思想，以及思想導引的語言，由語言蔚成的辯證，其目的祇有一個，那就是尋求眞理。而眞理是客觀的，不是任何主觀可以更改或是歪曲的。

在知識與常識之間關係的問題上，蘇氏先用諷刺法，問及對方對所慣用的概念，如德行、勇敢、正義等，是否眞正瞭解；當對方無法用抽象的、共相的形式作答時，蘇氏就迫使對方承認自己的無知。

承認自己的無知，也正是準備好心靈，向着知識開放。心靈向着知識開放之後，就用催生法，辯證出概念的產生，原是由具體的、個別的事物所歸類、所抽象。就如從具體的張三、李四、王五、趙六，抽象出以及歸類出「人」概念；從軍人不怕死、勇往直前等行動抽象出「勇敢」概念。然後，從具體事物的可感性，以及概念的抽象性，而推論出今生今世的不完美，而嚮往來生來世的至善。蘇格拉底能在知識的辯證中，找到人生的意義；同時又能把理論付諸實踐，的確是西方哲學知行合一的創始人。

蘇氏弟子柏拉圖（Platon, 427-347 B. C.），更能够用「對話」的形式，奠定了西洋求知的根本過程；其對話錄的結構，都是在求眞求善求美的原則下，一方面提出「正面的陳述」，另方面又設定「反面的辯駁」，由正、反雙方的一來一往的辯論，一步步地迫近所要追尋的眞理。因此，柏拉圖把「對話」式的辯證，看成是哲學最根本，同時是最好的方法；並且，以爲人類最大的本事，就是知道如何問、如何答，在變化不定的世界上，竟能找到不變的眞理。

柏拉圖的弟子亞里士多德（Aristoteles, 384-322 B. C.），把這種辯論的形式作爲一門功課來研究，以之作爲所有學問的入門；那便是邏輯，也就是我們今天講的理則學。理則學研究思想的方法，以爲人類的思想亦有法則可循；其中說明人類概念的起源，以及由兩個或是兩個以上的概念，連結起來，或是分開，就成判斷；再由兩個或是兩個以上的判斷，連結起來，或是分開，就變成推論。概念是思想的最終單元，判斷是知識產生的溫床，推論是保障知識可靠性的形式。在亞里士多德心目中，個人本身的邏輯思考，就足以形成「正面的陳述」，以及「反面的辯駁」，用不着兩個或兩個以上的人來對話、來辯論。而個人單獨的求眞方法，也就是從概念到判斷，再從判斷到推論的思維過程；在這個過程中，三段論法式的結構，就足以保障知識眞與對，而避免其假與錯。眞假對錯的分辨，也就是理則學的核心課題，以及邏輯的目的。

三段論法的辯證形式，涵蓋了人類思想的進程，以及其先後次序，就如，大前提的：「人都會死」，原是人生體驗中的眞理；小前提加上：「沙特是人」，那末，結論就必然是：「沙特會死」。

這種思想法則的進程，很容易用圖表來說明：圖中最大的圓圈是「死亡」，而中間的圓圈完全被包含在大圓圈中，表示全人類都會死亡；而小圓圈的「沙特」在「人」的圓圈中，表示沙特是人類一份子。這樣，整個人類都會死，沙特也就難逃浩刼了。

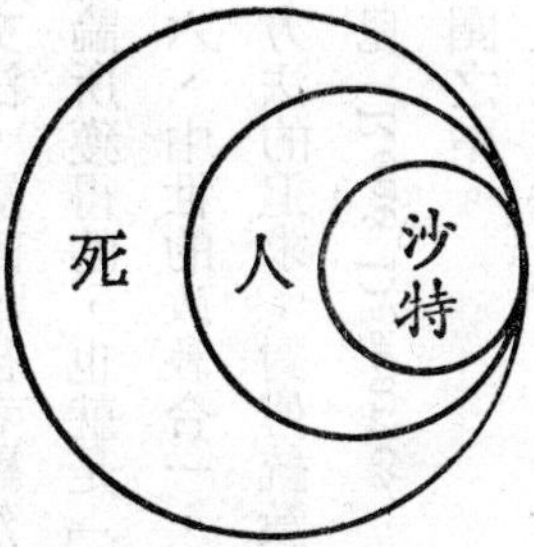

亞里士多德的形式邏輯，提出了辯證的三大效用；首先是訓練思想，分辨眞假對錯；然後就是與別人交換意見，可以用對方的前提，但是導引出不同的結論來，以與對方辯論；最後是運用純思想的進程，尋找科學所無法證明之原理原則。

四、希臘哲學黃金時代，興盛於蘇格拉底、柏拉圖、亞里士多德三位大師；這三位大師同時亦把辯證的方法帶到高峯。亞里士多德死後，希臘哲學開始沒落，而代之以興的，是希臘羅馬主義；後者在辯證的方法上，以司多噶（Stoa）學派爲代表，發展了文法、修辭等學問，加强了辯證的運用。

其後就是新柏拉圖主義的出現，以爲辯證不但要注重形式，而且要關心內容；而在內容的選定上，以爲宇宙分三階段發展：先是統一，然後分裂，再後又復歸於統一。這種「合」「分」「合」的想法，種下了日後德國觀念論的辯證法的種子。

五、中世政教合一時期，所有學問都在關心人與神的天人關係；無論是教父時代的護教運動，或是士林哲學的學術探討，都在設法用人的理知，去透視形而上的奧祕。而其運用理知的方法，除了個人自身的思考和反省之外，尤其着重學校中「辯論」一門功課。在辯論時的護題者，提出「正面的陳述」，而反對者則找出「反面的辯駁」，用三段論法的嚴密結構，企圖衞護學題的命題；而這種正面和反面的對峙，恰好就是辯證的形式；其對辯的方法，也正是辯證法。

教父哲學尾聲之後，進入到第九、第十、第十一世紀時，學問內容沒有多大變遷，而哲學更沒有長足的進步，辯證也祇限於三段論法的空洞形式，沒有宇宙和人生的內容；相對於神學的信仰來說，可眞是貧乏，於是有人提出了「哲學乃神學之婢」的說法，顯示出當時辯證的失敗。

及至士林哲學的興起，在教育上培育了四科三目的七藝，作爲學者必修的功課；三目中的修辭、文法、辯證，後者顯然代表了哲學，而探討七藝的方法，皆用辯證的正、反辯論。而由正、反辯論所獲得的，也就是「對立統一」的高層次的統合結論。

六、中世的政教合一，其流弊的產生導致了宗教本身的分裂；自然科學的發展，催生了學者創新方法的追求；對傳統教義的懷疑，使辯證原有的客觀性，落入到主觀意識之中。理性主義者笛卡兒（René Descartes, 1596-1650）的「我思我存」，完全把知識的客觀性，歸併到主體主觀的範圍之中。

及至康德（Immanuel Kant, 1724-1804）提出了他的「純理性批判」，更以超越辯證中的

「正反論題」，來說明正、反對立的辯證方法；但是，這方法的運用，康德並不是用來追求眞理，而是用它來推翻傳統的形上學。

康德所要的辯證，是要設法把理性所獲得的原理，用感官世界的相對性，去比較、去實證；而在這種比較中，發現矛盾。就如：世界是有限還是無限？在理知的思考中，可以想像成有限，想像成宇宙有邊，但是，在另一方面，理性又要問及邊之外又有什麼？如果假設是空無所有，則無法想像；但若承認仍有東西存在，則要發展成無限的。於是宇宙有限還是無限的問題，根本上是一種「正反論題」，選擇正、反都同樣有理由，亦同樣沒有理由。再來就是因果的問題，如果加上時間，則成爲因在先，果在後。我們所理解的因果律，事實上可以是眞的因果關係，但是亦可以是時間次序上的先後關係；就如白天過去了就是黑夜，而且，每一次白天過去了都是黑夜；但是，白天却不是黑夜的因；白天與黑夜的關係祇是時間上的先後關係，而不是因果關係。這末一來，我們所慣用的因果問題，不就因了時間的滲入，而失去了因果作用？因果關係失去了作用，傳統形上學無疑地就建立不起來。

七、康德的心證，把辯證的方法用來否定傳統的形上學，開創了德國觀念論的先河，首先有費希德(J. G. Fichte,1762—1814)出來，用純粹的心靈思考，再次反省辯證的整個形式。以爲若把宇宙萬物的存在當作整體，而這整體的存在全部打成一片，沒有任何分裂的現象，是一種「眞如」世界的描繪，但是，這種整體的宇宙一旦發生了人類的精神作用，也就是說，一旦有了思想，就在這整體之中，造成了分裂的事實；因爲，思想中的「我」是意識的覺醒，每一種意識的覺醒，都肯定了「自我」的獨立存在，而在「同一律」的「我是我」，而且「我祇是我」的原理之下，也就表示在整體宇宙中，把「我」與宇宙的其它部份割離了出來；這樣，宇宙除了那已經自覺了的「我」之外，其它所有部份，都立刻成爲「非我」。「我」與「非我」的相加，等於宇宙整體的存在，但是，「我」却不是，也不可能是「非我」。這又是矛盾律的體認。

現在，問題不在於：「我」是怎末出現的，人類的意識怎末會自覺的，而是問及那「非我」怎末會出現？「我」的「自我」意識，根本祇想到「我」，而沒有去想「非我」；若說「我」是意識的成果，那「非我」究竟是什麼呢？費希德當然知道，這「非我」不是意識的直接產品，「我」才是意識直接所產生；「非我」原是自我意識的副產品。但是，費氏却能更深一層去考慮，「非我」本來是不存在的，其存在完全是因爲有了「我」的存在，才襯托出「非我」來。那末，在宇宙整體之中，「我」與「非我」的存在，原都由於意識作用，而且亦都存在在意識之中。這末一來，「我」與「非我」都有同一的起源，都起自意識作用；這樣，「我」的正，「非我」的反，其實都能「合」一在意識之中；而這意識，原亦就是自覺到「我」的意識；這同一的意識，因而一方面是「正」，另一方面是「反」，最後仍是「合」的基礎和理由。

費希德用意識把辯證的過程，說得不能再清楚了！

八、黑格爾（G. W. F. Hegel, 1770—1831）再進一步，把費希德的辯證形式，從意識擴大到整體宇宙；以爲不但思想的法則需要遵循正、反、合的辯證方式，而且宇宙的存在法則也是依照辯證的正、反、合過程。

這正、反、合的進程，在黑格爾的哲學中，「正」是自身的肯定，但是，這肯定本身就帶有否定的因素，是爲「反」；但是，這否定的「反」仍然含有反的否定，是爲「否定之否定」，也就是「合」。

「合」的本身，固然是比「正」和「反」高了一層，但其本身又是一種肯定，是一種「正」；這「正」本身又導引出「反」，而「反」的否定，又催生了「否定之否定」的「合」。於是層層上升，直抵達「絕對精神」才停止。絕對精神就是辯證的終極，是整個宇宙正和反的最後歸宿。

因爲黑格爾的辯證，其起源、其過程、其終了，都是精神，都是意識，都是觀念，因而被稱爲觀念論，這是在知識論上的稱呼；落實到形而上時，觀念論就被稱爲唯心論。

唯心論以爲一切物質的正、反、合辯證，都是精神的作用，這作用的本身是精神的，這作用的主體是精神的，這作用的成果亦是精神的；這種精神作用，經過一系列的正、反、合過程，最後抵達絕對精神。因而，物質世界的一切，在唯心論者看來，都是表象，其背後的眞象是動態的精神辯證的正、反、合發展進程。

世界的發展如此，人類的歷史發展亦如此，都是經由對立、矛盾、相反、相對，而終於歸到合的境界。

絕對精神的結論，亦卽是認爲「精神」作爲宇宙萬象的實質，而以這實質來塡滿辯證的形式；因而，黑格爾的哲學，頗有泛神論的色彩；精神充塞整個宇宙，推動着整個宇宙的生成變化，由正而反，由反而合；辯證的程序循環不息。

九、唯物辯證：黑格爾的唯心辯證，可以說是集西方辯證法之大成。在黑氏的辯證法中，不但把辯證的形式：正、反、合的法則描繪盡緻，而且亦把辯證的內容，導引到絕到精神的領域，以爲精神才是辯證的骨幹和架構。這種極端的、絕對的唯心論，引起了思想的反動，那卽是唯物辯證的產生。

首先，由黑格爾自己的弟子背叛師門，接受了辯證的正、反、合形式，但却在辯證的內容上掉了包，以物質取代了精神。這批黑格爾的弟子自稱「左黨」，意卽反對老師的唯心學說，而企圖用唯物辯證來取代唯心辯證。

費而巴哈（Ludwig Feuerbach,1804—1872）最先發難，以爲世界上祇有兩種對立的學說，就是唯心論與唯物論；前者以爲物質是由精神所創造，後者則認爲物質才是所有存在的基礎，精神是從物質而產生的。

馬克斯（Karl Marx, 1818—1883）則追隨費而巴哈之後，不但相信精神是物質的產品，而且以爲人類的發展史，全由經濟所決定。於是，把「物質」和「經濟」兩種因素，運用到黑格爾的辯證形式上，就成了唯物論。

這唯物論再經過恩格斯（Friedrich Engels, 1820—1895）的經營，尤其是經過列寧（Lenin, 1870—1924）的運用，就演變成了共產主義。

共產主義所强調的唯物論，落實到人類社會上的，叫歷史唯物論；運用到整體宇宙的，稱辯證唯物論。馬克斯比較屬於歷史唯物論者，而恩格斯則比較屬於辯證唯物論者。至於列寧、史大林（Josef Stalin,1879—1953），毛澤東等共產黨徒，則是綜合了歷史唯物論與辯證唯物論二者。

歷史唯物論負責倫理學、政治學、歷史哲學的改造和歪曲；辯證唯物論則負責把邏輯、本體論、知識論變成共產主義的先鋒。

馬克斯的哲學，採取了極端的唯物論，一方面反對唯心論，另一方面反對形上學。在知識論的鋪路工作上，以爲所有可靠的知識，都來自感官，而且止於感官；因此，馬克斯就結論出，要研究知識的課題，祇能够用經驗科學，而不可以用直觀或其它能導引人類思想走向形上，走向倫理道德的方法。這顯然是受了費而巴哈的影響，與十九世紀後半期法國實證主義者的方法相同，否定神學、否定哲學，祇頌揚科學。這種以經驗科學爲知識唯一準則的說法，是屬於自然主義的，否定一切超自然的超越界，更否定宗教的價值，斷言「宗教是人民的鴉片」，其理由就在於：在人類歷史中出現了宗教，原是因爲無產階級的人，受了資本家的壓迫，因而才把自己的前途，寄托到來世的生命。馬克斯預言說：祇要把人間世的階級去除，則世界就變成了天堂，那時，宗教就不必要存在了。

站在唯物以及經驗科學的立場，馬克斯還利用辯證法，否定靈肉二元，反對抽象思想。

馬克斯從知識論進一步，談到唯物的原理原則時，則以爲古代法國唯物論，就是用辯證法發展成社會主義，並且創生了自然科學，最後落實到社會政治上來，就是共產主義。馬克斯在這裏，爲了擁護法國的早期唯物論，而稱自己的學說爲「新唯物論」。而這「新唯物論」絕不停留在理論的階段，而是要鼓吹社會革命，鼓吹人民起來反抗各種舊有的制度。

馬克斯的資本論，二千二百頁的著作，所用的經濟決定論，都是套用正、反、合的辯證法；全書的內容，幾乎全部是在證明：資本主義本身的發展，就要走向毀滅之途。而其毀滅的形式進程，也恰好是資本主義的「正」，本身就是因爲剝削勞工而存在的，但是，站在資本家來看，工人的逐漸變成無產階級，也就是「反」；而無產階級的革命，推翻資本主義，打倒資本家，也正是「否定之否定」的原理，到後來，無產階級獲勝，成爲無階級的社會，這就是「合」，也就是無產階級革命的成果與目標。

這種革命理論，至少包含了三種假設，那就是：第一、社會發展的原理必然是對立、矛盾、鬥爭。第二、社會的變遷不是漸進的，而是激烈的突變；這突變在人間世就是流血的革命。第三、突變的方式是由量變變爲質變。

恩格斯活得比馬克斯多了十二年，在這十二年歲月中，他不但用父親遺留給他的工廠，剝削工人的錢，出版了馬克斯資本論的後半部，而且在哲學思想上，替馬克斯辯護。當時知名的社會學者兼出版家杜林(Karl Eugen Dühring, 1833—1921)曾經對馬克斯的學說，提出了許多批判。最重要的就是：馬克斯學說本身就是用默觀的方法，而且是屬於形而上的，不是經驗科學獲得的成果，因而是反科學的。恩格斯提出了許多言論，來爲馬克斯的辯證辯護，而打擊杜林。

恩格斯爲了要打擊杜林，爲了要爲唯物論的辯證辯護，於是設法研究自然科學。但是，與馬克斯一樣，恩格斯根本就沒有運用自然科學的實驗方法，沒有用觀察法，而祇在自己腦筋中想像及推論唯物共產的思想體系。在恩格斯的科學方法中，在觀念上繼承了費而巴哈的學說，批判唯心論，(其實是反對有神論)，仿照聖經約翰福音的形式，說出：太初有物質，物質生精神，精神永遠屬於物質。

恩格斯的辯證唯物論，其實是機械唯物論。

恩格斯的辯證法，以爲就是整個大自然，整個人類社會，整體思想最普遍的法則；而且也是由思想到存在，由心智到大自然之間的最好連繫；同時，辯證法本身亦是哲學最基本的問題。

恩格斯完成了唯物辯證的三大定律：原有的從量變到質變，這原是馬克斯的結論。恩格斯提出了「對立互變」的原理，亦卽是矛盾統一的法則；指出宇宙和人生都是由於相互建立，相互鬥爭，才會發展，才會進步。再後就是闡明「否定之否定」的含義，以爲宇宙和人生都在不斷地產生矛盾，產生對立，產生鬥爭；但是，這些矛盾、對立、鬥爭，又會在高一層次的存在中統一，會在雙重的矛盾、對立、鬥爭中，成爲另一種的肯定；當然這肯定又會產生否定，而又要出現否定之否定。這末一來，自然界的矛盾、對立會一直延續下去；人間世的對立、鬥爭亦將不斷地持續下去。

在恩格斯看來，每一種事物本身是「正」，但是其自身却包含了矛盾的因素，這卽是「反」；矛盾導致衝突，衝突導致鬥爭，鬥爭就促進發展；而且，這發展從下到上，從低到高；從物質發展到生命，從生命發展到意識，從意識發展到精神。而其整個過程是這樣的：物質是正，這正的物質首先會累積，會有量變；這量變發展到其本身的極限時，就會突變，這突變就是質變：就如水，如果加溫到攝氏一百度，就會變氣。質變就是反。這是反的質又開始變，成爲否定之否定，這就是合。而合本身又是正，如是又重新開始另一階段的辯證。

綜觀黑格爾左派的思想，從費而巴哈開始，就是要把精神世界推翻，而代之以物質世界。在精神被推翻之後，全部的宗敎、道德、人性都失去了基礎，因而，就可以毫無顧忌地宣揚鬥爭，强調矛盾，主張對立。人性的迷失所帶來的，總是獸性的世界。共產主義之所以能在世界上毫無人性地壓迫人民，全就在他們對唯物辯證的信仰。

在歷史發展的探討中，我們還要補充一句：西洋哲學思想最沒落的時期，原就是十九世紀中期之後。因爲，哲學的任務都是在人類陷入錯誤時，出來指點迷津；但是，西洋十九世紀時，白種人曾利用其技術的成果，在亞洲侵略，在非洲殖民，在美洲販賣黑奴；而面對這些反人道的行徑，哲學不但沒有挺身而出，指點迷津，反而主張唯物、共產、實證、實用、功利等學說，反對宗教的仁愛，反對道德的互助，違反人性，違反天理。

而在德國的唯物、共產，法國的實證，英國的功利，美國的實用之中，其災害最大的，莫如唯物共產；而唯物共產所藉以奠定思想基礎的，是辯證法。因而，為了人道，為了哲學的尊嚴，我們就不但要瞭解辯證法的歷史發展，而且要理解它的內在涵義，以及當代意義。

貳、辯證法的內在涵義

這裏最先要說明的，辯證法是哲學諸多方法之一；而方法首先着重的，不是「內容」，而是「形式」。內容是要能夠檢證的，而形式單靠思想，就足以成立。因而，辯證法的形式本身，才是它自己的內在涵義。不過，在上面攸長的歷史發展探討中，我們很清楚地覺察出，辯證法在西方哲學的發展史上，首先是以形式出現，這形式規範了西洋整個的傳統思想；但是，近代思想發展以來，無論是唯心論，或者是唯物論，都把辯證的形式，落實到辯證的內容中；唯心論的辯證充滿了精神，而且整個宇宙都向着絕對精神發展；唯物論的辯證充塞了物質，以為宇宙和人生的存在基礎都是物質。這末一來，探討辯證法的內在涵義的這一課題，就必需論及辯證法的形式，以及辯證法的內容兩大課題。

一、辯證法的形式：西洋的求知方法，早在其文化發源地的希臘，就特定了思考的法則；以爲思想亦有方法可循；思想的方法不但可以判定知識的眞假對錯，甚至可以認定人類行爲的是非善惡；甚至，界定精神的藝術生活的美醜，或是宗教生活的神聖與罪惡。

思想法則認定的標準，先是思想主體天生的邏輯頭腦，總是想得通：一件東西等於它自己本身，「甲是甲」，「甲等於甲」的語句，總是最原始的思考原理，這也就是「同一律」的反省與認同。在思維世界裏，甲既然等於甲，當然就不可能等於非甲；甲的肯定當然不可能等於甲的否定；這就是「矛盾律」的瞭解。再進一步，甲是甲的肯定，與甲不可能等於非甲的瞭解，就可以導引我們結論出：甲不可能同時是甲，同時又是非甲；這亦就是說，一件事物，不然就是肯定它，不然就是否定它，沒有第三種可能性；這亦就是「排中律」的描繪。

以上舉出的同一律、矛盾律、排中律的說明，意在指出，思想法則原是抽象的，但總可以落實到具體生活中，也就是說：無論用什麼東西去代替甲，其思想法則原是不變的；就如這支原子筆等於這支原子筆（同一律），這支原子筆不可能等於這支原子筆以外的任何東西（矛盾律），這支原子筆不可能同時等於這支原子筆，同時又不等於這支原子筆（排中律）。

當然，思想的辯證不可能被停留在同一律、矛盾律、排中律這些基本的思想法則上，它還要在具體事物的認知中，發揮作用。

於是，思想的法則除了上面的三大定律外，就是如何落實到認知事物的層次上，那就是抽象作用，歸類作用，超越作用；抽象作用是把事物的共相抽出來，而讓其差別相（殊相）存而不論：就如把張三、李四、王五、趙六的共相「人」抽出來，而把他們四人相互之間的不同處保留。概念的獲得必定要靠抽象作用，才能有效。歸類作用也有相同的效用，把張三、李四、王五、趙六歸到「人」類，而把猪、狗、猫、羊歸到「獸」類，把鳥、雞、鴨、鵝歸爲「禽」類等等。超越作用原是人類理知的一大特性，它可以抽象，可以歸類，而且，把概念留在自己腦中，用不着任何屬時空的，屬感官的東西，而是純精神的觀念，作爲知識的元素。

這些抽象、歸類、超越作用，配合了同一律、矛盾律、排中律，就保證着人的知識可能性以及可靠性。

再進一層，概念的組合所變成的判斷，判斷的組合所造成的推論，又如何能保證知識進一步的獲得呢？這也就是思辯哲學到達辯證法，以及運用辯證法的理由了。

爲了使自己的思想成爲眞的和對的，而避免假的和錯的，於是設計了「正面的陳述」和「反面的辯駁」，來檢討「眞理」的問題。

當然，這「正面的陳述」與「反面的辯駁」，可以在一己的思想中完成，亦可以由不同的主體來扮演正反的角色，相互切磋，相互琢磨。

思辯法則的運用，到達辯證的方法時，就已達到了峯頂；因爲它是由反覆的思辯、反省、正、反雙方的考慮，而且是多次的、不斷的進行，最終所獲得的結論，才算是定案。

最原始的辯證法，因而也就用「正面的陳述」和「反面的辯駁」，作爲基本架構，無論是在個人自己內心的思辯，或是與別人討論、辯論、爭論，其目的則是爲了「尋求眞理」。

在「正面的陳述」和「反面的辯駁」相互對立時，辯證法所要求的，是眞理，並不一定是融通、調和那正、反理論，使其成爲「合」的結論。就如中世紀教父哲學時代，大哲奧古斯丁(Augustinus, 354—430)提出來有關「眞理存在」問題的爭辯，「正面的陳述」——「眞理存在」獲勝，於是，「反面的辯駁」——「眞理不存在」就失敗；在眞理面前，用不着「合」的調和或嘗試。

二、辯證法的內容：正因爲辯證法不會停留在純形式的狀態，而是要落實到具體事物中，因而，「思想涵蓋存在」的想法和做法，也就有了邏輯的基礎。人類在思想的初期，都是首先想到東西，想到事物；而後來才透過反省，思想那思想本身，以及思想的法則。任何人如果說：「我在思想！」別人總會問他：「你在想什麼？」在這裏，似乎是要以「想什麼」才能夠說明思想。這「想什麼」的問題，才是所有思想法則探討中，所必需走向的目標。

西方哲學一開始時，就開始探討「思想」與「存在」的課題，它們的定義，它們的法則，它們相互之間的關係等等。但是，哲學在初期，有關思想的問題，還是沒有對存在問題那末具體，那末受到重視。

(1)思想家在觀察現象之後，才發覺到，世界上所呈現的，一方面有許許多多的對立、矛盾、衝突、競爭，甚至弱肉强食的現象。在宇宙萬象中如此，在人際關係中如此，甚至，在個人自身感受中亦如此。因而，哲學家把這些現象推到極致，發明了二元論，以之作爲分析所有對立、矛盾、衝突的事實。可是，在另一方面，也許站在比較高層次的地方來看，却發現宇宙的整體都是和諧的，有序不亂的。因而，偉大的思想家就設法用和諧的原則，來統一所有的對立，所有的矛盾，所有的衝突。

二元論的興起，以及對二元的統一嘗試，是西方哲學特有的現象；這同時也是辯證法的產生基礎。

⑵早在希臘柏拉圖時代，就以對話的形式，提出了「正面的陳述」和「反面的辯駁」，來指證觀念界與感官界的二元對立；但立刻又以「人」的存在，來調和並統一了這二元。原來，在柏拉圖的學說中，「人」是由兩個因素構成的：一是來自觀念界的靈魂，二是源自感官界的肉體。靈肉的結合，也就證明了觀念界與感官界的統一；而這統一是在「人」的身上。

當然，柏拉圖的這種統一二元的辯證，其目的是在修正當時的奴隸制度，以及殖民政策；因爲此二者違反了人人平等的原則，而柏拉圖則以爲人人平等，而其作爲論證的理由，則是人的最重要部份——靈魂，有同一的來源，有同一的性質，有同樣的尊嚴和價值。

當時希臘各城邦並沒有接受柏拉圖的見解。

及至希伯來信仰傳入西歐，用「彼岸來的信息」的宗敎動機，加深了柏拉圖的學說，以人的靈魂是上帝的肖像爲敎義，把握了羅馬人內心的信仰之後，不但奴隸制度開始消失，就是「人」

爲綜合彼岸來的靈魂，以及此世的肉體的學說，也普遍受到了重視。於是，「人」就成爲頂天立地的，成爲神明與物質之間的存在；他的高貴處是擁有屬於上帝肖像的靈魂，他的卑微處則是附屬於塵世的肉體。正因爲人有肉體，因而會犯錯，再加上塵世間的罪惡事實，於是有了「原罪」的教義，說明「人性」墮落的事實以及再次墮落的可能性。

因了原罪，天人之間的關係驟然斷絕，這二元的對立於是乎又需要一種綜合；這就是上帝降凡的教義所要解說的。於是，同時是人，同時又是神的耶穌基督成爲天人間之中保，統一了天人二元。

黑格爾的辯證形式，採取了費希德的正、反、合進程；而費希德的正、反、合形式，則來自聖經中的創造、原罪、降凡、救贖等思想。
不瞭解西洋神學和哲學，以及此二者的根本關係，就不可能瞭解辯證法的內在涵義。

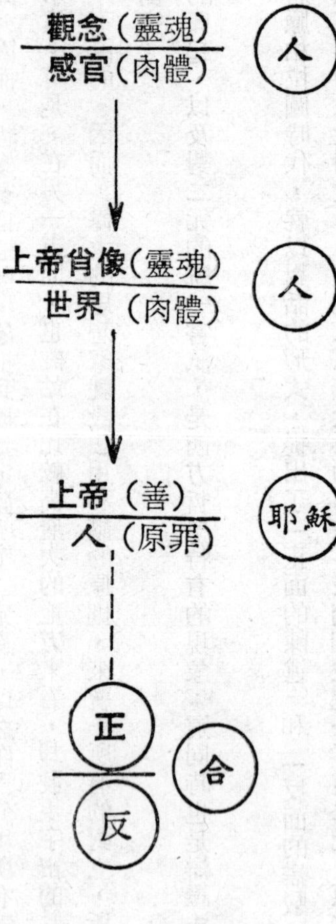

西洋文化的這種二元，以及解消此二元的方法，才是辯證法的基本結構；以上圖示之。

⑶辯證法的內容，在傳統上總是宇宙論式，或是本體論式的演化，是自上而下的方向，是從觀念界到感官界的發展，是從上帝到人的發展。到了西洋十九世紀，配合着「進步」的概念，覺得「發展」和「進步」是分不開的；而且，同時覺得從觀念界到感官界，從上帝到人的發展，不能算進步，應該是退步。於是，把辯證的箭頭倒轉過來，不再理會本體論的存在次序，如何從上帝到人；而是專心探討知識論的認知次序，要闡明從人到神的發展和進步。於是，無論是唯心論，或者是唯物論的辯證，都是從物質層面的「質」和「量」開始，然後經過質量本身的自我否定和反作用，而造成了量變和質變，而終至發展出精神，乃至於絕對精神。

在這裏，唯心和唯物的最大不同點是：唯心論把物質作爲條件，作爲發展至絕對精神的工具；而唯物論則把物質當作基礎，其所發展出來的精神，仍然是依靠物質的，永遠不可能獨立存在的。從這種不同點所導引出來的人生哲學，其影響可就非常驚人：唯心論者認爲精神生活才是人生的根本，因而主張人與人之間要互助、要仁愛；而唯物論者以爲物質生活才是社會發展的根基，因而結論出人與人之間要順應矛盾、對立、衝突的原則，相互進行鬥爭，相互仇恨；以爲人類的發展以及社會的進步，就是靠衝突、靠鬥爭。這也就造成了今天共產主義社會與民主國家根本不同的人生態度。

⑷從二元的劃分到統一二元的嘗試，然後以單元的唯心或唯物來解釋宇宙和人生，就形成辯

證法落實到今天的情形。

唯心論的辯證，是以理性的辯證進程，去理解思想法則中的正、反論題，然後在更高的層次上找到「合」的現實，而以這最終的現實爲單元的理解。這樣，唯心論的辯證體系必然向着神祕開放，向着更高之理想社會開放，因而主張宗教，主張道德，主張人道。

唯物論的辯證，是認定物質爲一切的基礎，而從物質發展到生命、到意識、到精神，其中間過程都是經由對立、矛盾、衝突、鬥爭，故結論出人生也應如法泡製，以爲哲學不應該談道德、談宗教、談人道；在鬥爭中，祇要目的，不擇手段。

叄、辯證法的當代意義

從歷史的探討和內在涵義的探討中，我們認清了辯證法的形式，也窺見了辯證法的內容。在形式的認知中，我們從大處見到了西洋的思辯方法，在求眞的進程上的確發揮了很大的潛力；但同時在另一方面，也看到了這種思辯方法的極限，它不一定能帶領人的理知，走向超越界，走向神祕界。這說明完全靠辯駁的知識，不一定就能發揮人性的智慧高層；人生的道德境界、宗教情操，本身是屬於心靈的高尙和睿智，唯有透過直觀和修身，才能登堂入室；而不是任何思辯的方法可以勝任的。

辯證法的極限問題，暴露得最清楚的，莫過於辯證法的內容所涉及的疑難。唯心辯證對物質世界以及人間醜惡的忽視，唯物辯證對精神價值的輕蔑，在在都說明辯證法本身的缺陷。

(1)辯證法的最基本缺陷就是二元論的偏執。思想上的正和反，用在思辯的形式上，是可以訓練人的腦筋，使人更靈活地思考；其正面的陳述，能使人在選擇辯護的課題時，顧及其內涵的完整性，以及如何提出爲它辯護的可能性；其反面的辯駁則使人在護題時，預設出反方的論證，而預先在護題的論證中，破除那些可能有的難題。但是，這種正、反論題固然有其好處，但亦有其不可避免的壞處，那就是先得假設：所有的思想都有正有反，而邏輯的語句祇有肯定的以及否定的兩種，沒有第三者存在的餘地。這原就是西洋文化在二元論上最大的偏差。同樣，在具體存在的事物上，固然有許許多多的對立、相反、爭執，但是，難道就沒有不屬於此二元的和諧以及統一？辯證法所要肯定的，以爲所有的和諧和統一，都是果，而對立、矛盾、衝突才是因，沒有因就沒有果；因而，沒有對立，沒有矛盾，沒有衝突，就不會出現和諧。這就幾乎等於說，康健必須是由病痛所帶來的一般。當然，病痛能考驗一個人的康健情形，但是，康健可絕不是病痛所賜與的。同樣，辯證法可以在正面的陳述，以及反面的辯駁過程中，指證出一個人的思辯能力，對一個人的思想方法能給予考驗，但是，它卻不是賦予人知識的原因，更不是人類獲得知識的唯一法門。

(2)繼思辯上的二元偏執而來的，就是內容上的二元對立。西洋哲學二千多年來，都沒有辦法擺脫唯心唯物的爭執，在哲學思辯的發展上，時而偏向唯心，時而偏向唯物；唯心唯物之爭，分裂了西洋哲學的整體性；唯心論者强調精神的優位，貶低物質的價值；唯物論者擡高物質的價值，貶低精神的作用。而二派的哲學方法，根本上是依照其唯物、唯心的主張而調整。唯物論者主張感官，强調感官的功能，以爲知識的獲得必須使感官有優位；因而主張實證，主張實驗，主張眼見爲眞。相反，唯心論者主張心證，强調思想法則，以爲知識的獲得首要靠邏輯的思辯；因而主張深思，主張推理，主張原則的思辯。

但是，我們要問：難道思想的方法非要分成正和反不可嗎？難道世界非要被分割成物質與精神二元不可嗎？各種的求知方法，爲什麼不可以互相補足？而一定要分道揚鑣？

這問題的核心，也就是問及：哲學的最初立場問題：究竟世界是一元的？或是二元的？或是多元的？究竟人是單元的？或是二元的？我們要質問辯證法的是：世界眞的是由精神和物質二元素構成的嗎？人眞的是由靈魂和肉體二元合成的嗎？或者，更合理的解說，應該是：世界本來就是整體的，我們祇能在思想上用物質和精神去分析它；而事實上，精神和物質都不可能單獨存在的，世界上所存在的都是精神和物質合一的東西。同樣，人也是整體的，祇有在思想的分析作用中，我們把人分成靈魂和肉體兩種因素，而事實上，單獨的靈魂或者單純的肉體，都不存在世界上；世界上所有具體存在的人，都是靈肉合一體。

(3)二元論的學說本身，無論在知識的方法論上，或是在本體的存在上，其實都不太重要，最多就是在人生求知的途中，多設置了一些關卡，使人在求知途中，稍爲遭遇一些痲煩而已。辯證的二元所闖的最大的禍，就是唯物辯證的理論落實到政治社會中的共產主義。唯物辯證可以停留在理論中，供給學者思辯，作爲本身學說的考驗，就如西方各大學中研究馬列主義的情形一般；但是，共產主義則不單是一種理論，它是一種行動，它要利用二元辯證的對立、矛盾、衝突，來鼓吹人際關係的仇恨和鬥爭。當今世界所有動亂的來源，以及人類所遭受到的浩劫，都莫不淵源於共產主義，或至少直接間接與共產主義有關。

共產主義所依據的理論，就是「歷史唯物論」和「唯物辯證法」。「歷史唯物論」在解釋人類社會，以歷史命定論的學說，來推斷人類社會必然走向「無階級的社會」。這「無階級的社會」遠景的描寫並不重要，它純粹是一種烏托邦；但是，爲達到這「無階級的社會」的方法，却爲害人類非常大；因爲它主張階級鬥爭，因爲它主張經濟決定階級，因爲它以爲經濟生活是人生的根本。歷史唯物論以爲：人類無可避免地要求生存，而生存的方式在經濟，人類的生存歷史就是經濟發展史；而在經濟發展競爭中，又必然催生資本主義，其中資本家與勞工階級的對立、矛盾、衝突，又必然導致工人革命，導致階級鬥爭；而唯有透過鬥爭，透過流血的革命，才能抵達理想的「無階級的社會」。

顯然的，辯證唯物論的作用，也就在於提供歷史唯物論一種哲學的基礎，那就是設法利用對立、矛盾、衝突的二元設定，以鬥爭和革命來支援「無階級的社會」的遠景。歷史唯物論提供了烏托邦的社會藍圖，辯證唯物論設法按圖建設共產主義的社會。

(4)問題的關鍵也就在於：辯證唯物論所提出的論證，是否足以支持歷史唯物論的烏托邦。在這裏，我們將一層層地解剖「資本論」的基本架構，看看唯物辯證所提出的各項理論，是否符合事實，是否合情合理，是否順天應人。

「資本論」所描寫的社會情形，先撇開馬克斯的「歷史主義」的「命定論」，以及「經濟決定論」的思想背景不談，單就在他的思想結構中，就可以看出：

社會的變遷，無論其意識型態是如何地堅强，總是落實在特定的社會制度之中。而每一種具體的社會，都會走向自我毀滅之途，而另一種新社會會代之而興起。在歷史事實的發展中，馬克斯認定：從封建社會必然走向資本主義社會，其理由就是在封建社會中，私有財產制度由於分封而確立，私有財產制的發展，也就表示了貧富的對立和區分；這區分和對立到某一程度時，就是量變進展到了質變，卽從封建社會步入資本主義社會。但是，資本主義的來臨，一直加深貧富之間的鴻溝，有錢人由於剝削制度的保護，越來越有錢；窮人則由於遭受剝削，愈來愈窮，終於窮到一文不名，那就是變成了無產階級。這種把貧富的懸殊越拉越大的資本主義制度，因爲其本身自己製造了對立、矛盾、衝突的對象——無產階級，因而是自己走向毀滅之途。這原因就在於：在資本主義制度中，因爲資本集中，故祇有少數人握有經濟權力，而其它極大多數的人都是窮人。這種貧富的對立，有錢人和窮人的矛盾，資本家與工人的衝突，一天大於一天，到達某一程度時，就會發生流血的革命。這原是大多數的窮人，因爲受不了資本家的壓迫，而團結起來，打倒資本家，推翻資本主義。在資本家被打倒，資本主義破產之後，就由無產階級專政；在無產階級專政中，因爲沒有階級，沒有人有私有財產，一切都屬於國家，因而是一種無階級的制度，也就是馬克斯所稱爲的社會主義的來臨。

從以上極簡單的描述中，我們很容易把握住重點，知道共產主義構想中的社會發展，分成粗糙的三個階段：第一階段是資本主義的形成，這階段的形成前和形成後，都是由於私有財產的制度所促使。資本主義形成後，由於飛快地加速了貧富差距的形成，而終致造成了大富和大貧，有錢人家財萬貫，而窮人一文不名，在這種極度對立、矛盾、衝突中的資本主義社會制度下，自然地產生了第二個階段，那就是所有窮人都覺醒了，都要聯合起來，打倒資本主義，資本主義制度被推翻了之後，就祇剩下一種階級，而且是一律平等的階級，那就是第三階段，無階級的社會，稱爲社會主義。因此，馬克斯的歷史唯物論、辯證唯物論，都表現在這種歷史命定論，以及經濟決定論中，那就是：資本主義，階級革命，社會主義三階段的進程。

針對這種過於單純的草案，我們的確可以提出千千萬萬的質疑，無論是站在學理上的，或是站在邏輯推論上的理由上，或者，站在具體社會人生的常理上，以及目前發展的具體事實上，都可以提出疑問，甚至可以提出反證，指證出共產主義根本沒有學理的基礎，更沒有事實作檢證；其所依靠的唯物辯證，根本證明出相反的結論。

在這裏，我們暫且不必提出一八四八年共產宣言中的預言，說未來的無產階級革命，一定會在法國和英國發生，根本上沒有應驗，而且未來亦不會應驗，我們祇要順着資本論的三階段設定，一樣一樣地追問，就足以顯示出唯物辯證的錯誤。

(5)首先，就是馬克斯辯證的正和反，用到社會經濟問題上，以爲封建社會私有財產的發展，從量變變成質變之後，就成了資本主義社會。而在資本主義社會中，其型態本身就會消除所有的其它階級，而祇剩下兩種極端對立的階級，那就是：佔極少數的資本家，以及極大多數的無產階級。更進一步，這兩種極端矛盾、對立、衝突的階級，發展到後來，就形同水火，終會催生革命，而進入第二階段的社會變遷。

在這裏，最顯著的錯誤是：在資本主義社會中，消失了所有其它的中產階級，而祇剩下兩極端：資本家與無產階級。我們當然要問：一個社會中，有錢的人越有錢了，是不是就會使一些中產階級升起？縱使是資本家剝削工人，爲什麼就不會產生中間剝削，而催生中產階級？工廠中大老闆祇要剝削工人的勞力，那些小工頭不也就乘機可變成老闆與工人間的中間剝削者？按理說，資本主義的社會是會產生許許多多的中產階級才對；而不像馬克斯只顧到辯證法的正和反的二極端，以爲除了少數的極有錢的人之外，其它全都是窮光蛋。

再進一層，就是縱使社會眞的就如馬克斯所說的，經由資本主義的剝削制度，終於剩下了完全對立的少數資本家與絕大多數的無產階級。而且這兩種階級也眞的火拚起來，馬克斯又如何保證，無產階級一定獲勝？馬克斯在經濟理論中，不是强調有錢就有勢嗎？無產階級究竟憑什麼必然會戰勝資本家？除了辯證法中形式的正和反的理論之外，馬克斯的確找不到其它足以證明的理由。

第三點，縱使資本主義眞的催生了資本家與無產階級的極端對立，縱使無產階級與資本家的衝突中，眞的無產階級獲得了全面的勝利，那又如何就變成了無階級的社會主義社會呢？無產階級革命後，誰在掌握經濟大權？那些掌握經濟權的極少數人，是否仍然是變相的資本家？我們且不要看今日共產政權下的國度的情形，單用頭腦去推理也就知道無階級的社會是不可能存在的。

由這些一層一層的分析和辯論，唯一的合理結論就是，馬克斯的社會主義理想祇是空想，是無法實現的妄想，而其所以有這些空想和妄想，祇是因爲他過於迷信辯證法，過於幻想那不切實際的東西；同時，在內心的層次上無法用豐饒的心靈，往好的一面去想，而儘是往壞的一面去作結論。就如：有錢人與窮人之間的關係，爲什麼一定由窮人用武力去搶奪，有錢人才肯把錢拿出來，做點公益事業？人與人之間爲什麼不可以用互助、仁愛來共同建設美好的社會，而一定要人與人之間互相衝突，互相對立，互相鬥爭，才會使社會進步？

當然，馬克斯的想法太物性，太獸性，才會如此去理解辯證法。如果稍爲用點心思，稍爲增加一點人性的善良，社會中自然就有愛與關懷。

唯物辯證因此是辯證法中最錯誤的東西，也是爲害人類社會最烈的學說。當然，我們要破唯物辯證，可不能用唯心辯證，因爲唯心辯證亦有偏失，其最大的偏失就是忽視了物質層面，並且因此而使唯物辯證有發展的機會。今天，我們要破唯物，同時又不願誤入唯心的偏失，那就是利用中華文化的中庸之道，發揚三民主義的「心物合一論」思想。因爲，在心物合一論的學說中，雖然「視心重於物」，但是，却以整體觀來看宇宙和人生，以爲宇宙是心物合一的，充滿精神與物質的！以爲人生也是心物合一的，本身就是靈肉的合一體。以這種重視心靈，但亦不忽略肉體的學說來談思想，來談哲學，來談學問，才眞正能悟出宇宙和人生的眞象，也才能認同心靈豐饒，才眞正能進世界以大同，導天下以爲公。

思想，辯證的法則，其實都在爲人類服務，爲人類的幸福，爲人類的前途服務。如果一種思想，竟然會走入歧途，不但不爲人類爲世界創造幸福，反而會導引人類走向自相殘殺，或是互相鬥爭，這種思想又有什麼用呢？

辯證法本來應該純是一種方法，不應該帶有任何的內容色彩，但是，這方法先是被唯心論誤用，繼則被唯物論糟蹋，歷經滄桑；我們在研究思想方法時，一方面感嘆其命運的坎坷，另一方面却應不停地警惕自己，要善用思想方法，切勿爲似是而非的學說所迷惑，而在思想的根基上，喪失了自主權。

要解決辯證法的問題，我們一方面要正視它，研究它的歷史發展，它的內在涵義，它的當代意義，另一方面要提出我們自己的心物合一論，來批判唯物論的錯誤，來修正唯心論的偏失。

沙特思想的浮沉

——記中共捧沙特和鬬沙特的經過並評其可能有的效果——

壹、背　景

一、沙特的存在主義思想本身，由於其家庭背景❶以及時代背景❷的影響，具有「徬徨」、「失落」、「疏離」、「荒謬」等不正常情緒，然後在反對納粹入侵巴黎的事件中，把這些情緒轉化爲「反抗」的心態：一九五〇年，爲了「反抗」美國參加韓戰，而加入了法國共產黨；一九五六年，又爲了「反抗」蘇俄進軍匈牙利，宣布脫離法共組織。

二、在一系列的「反抗」行動中，最後於一九六八年，「反對」法共搞革命搞得不够，無法

---

❶ 沙特家世：二歲喪父，生母再嫁，外祖家精神不正常，都使沙特心理不平衡。

❷ 沙特時代，遭逢二次世界大戰，以及超級强國的對立，使其正義感偏離。

推翻戴高樂政權，於是接辦了法國毛派分子所主持的「民覺」與「解放」二報社的社長職務；設法走北京路線，來「反對」西方的制度，同時「反抗」莫斯科路線的不够積極。

三、在接受了「民覺」和「解放」社長職位之後，便積極地參與毛派組織，參與討論會，參加示威行動，並且沿街兜售這二份刊物。

四、早在一九六〇年，沙特出版了「辯證理性批判」(*Critique de la raison dialetique*)，是沙氏與好友卡繆決裂之後，用哲學形式寫成的一本大著，此書厚達七百五十五頁，而且還標明是上册。書中內容完全顯示出沙特讚美共產主義的心態，而且公開承認：「歷史唯物論供給了唯一立得住足的歷史解釋」，以及「唯有歷史唯物辯證，才是人生之途」。

五、由於沙特在海外積極參與了毛共組織，香港「七十年代」就在一九七四年五月大捧特捧沙特，轉載了由英文 *Ramparts* 雜誌翻譯來的「訪存在主義大師沙特」一文。這篇文章原載於法文 L'Actuel 雜誌。由「七十年代」的譯文看來，不難使人感覺到，在毛共心目中，沙特已經不再是所謂「存在主義者」了，他已成爲馬克思列寧主義、毛澤東思想的虔誠信徒。尤其是在文章原文前記中，說出：「沙特是我們這一代最豐饒的心靈之一……這個豐饒的心靈，正在繼續不斷的發展之中」，「七十年代」譯者的話還加上：「沙特的成就，爲擧世所公認」，以及「他在哲學上的洞識，極其深遠」，還有「這一代的海外青年，多多少少都受到存在主義思潮的衝擊。我們也深深地感到『疏離』的痛苦，與『失落』的徬徨，我們更能體會到現實的『荒謬』。可是在這當兒，我們尤須自省，徬徨決不是退縮的藉口，而『疏離』正是戰鬥者的理由」。譯者的手法極爲高明，完全瞭解了沙特從「荒謬」到「反抗」到「鬥爭」的思路和行動指標。

六、共匪利用沙特的名義在海外宣揚，並把這思想作爲統戰的工具。就在六三年（一九七四）五月，中央日報副刊也赫然出現了「沙特與左派」一文。此文表面看來，是「反共」，是替沙特辯護，說出「沙特並沒有成爲眞實的共產主義者，或毛派份子；相反的，更強烈地反顯了他自己存在主義的本質和心態」，以及「沙特還是沙特，他不僅沒有掉在毛主義的泥沼裡，還很有踏在毛主義者肩頭上走過去的意向」；更重要的，是「沙特是我們這一代最豐饒的心靈之一」，「沙特仍是當代的青年導師」。❸文中把沙特所有參與毛共的穢行，一概掩蓋起來。

貳、現狀

一、中共三十多年暴政，壓迫大陸同胞，使億萬人民失去自由；近年來由於我心戰單位，不斷地以三民主義自由民主思想，用各種方式傳入大陸，而逐漸喚醒中國人民的自覺，人心嚮往自

---

❸有關中央日報「沙特與左派」一文的種種，可參閱拙著「存在主義論文集」頁一七一——一八五；頁二一一——二一七；頁二一九——二三六。黎明文化事業公司七十年五月初版。

由;同時,大陸百姓亦已覺醒到共匪多年來的欺騙,以及無能賜給人民安和樂利的生活,對共匪暴政已從心底唾棄。因而,舉凡能引發「自由」的思想片段,都會視爲珍物,而爭相認同。沙特思想原爲共匪用來對外統戰宣傳之一,中國人民於是用其「反抗」「自由」等概念,來反抗共匪暴政,來追求個人自由,也就因此,匪方情急之下,必然要從捧沙特的立場,改變爲打沙特的行動。

二、早在人民日報一九八二年十月十三日,就以「發揮文藝在精神文明建設中的積極作用」爲題,發揮了胡匪耀邦在僞十二大的報告,並指出「有的人把西方的『意識流』、『現代派』捧爲至寶,把「現代派」說成是我們文學藝術的發展方向,認爲革命現實主義已經不靈了,過時了」。並且還提出批判:「西方現代派文學是特定歷史條件的產物,它們所依據的形形色色的哲學思想和人生觀是很龐雜的,有些是有毒素的,不能盲目加以崇拜」。

三、香港時報七十一年十月廿七日引北平廿六日法新社電文,報導厦門大學一名三年級學生,受到法國存在主義大師沙特和心理分析之父佛洛依德的影響,淪爲罪犯;中共報章並指出該名青年,在浸淫沙特和佛洛依德的作品後,反對馬克思思想,並緊抱「小資產階級唯物主義和個人主義」。

四、七十一年十一月十二日青年戰士報引中共中央人民電台報導:反對自由主義,以爲「自由主義的危害就是取消思想鬥爭」,「自由主義……無政府、無組織、無紀律狀態的影響,變得更爲嚴重」。

五、積極批鬥沙特思想，是從上海文滙報開始，僞「中國社會科學院」哲學研究所所長邢賁思，在該報以「發揮哲學在社會主義精神文明建設中的作用」爲題，指出目前大陸青年已經對外國哲學：存在主義與結構主義，有偏愛，而且深爲其「迷惘」「自由」等概念所惑，乃至於以爲可以用來補足，甚至取代馬克思主義。綜合該文，有下列幾個重點：

(1)哲學在文化建設以及思想建設中有重要地位。

(2)强調馬克思哲學爲唯一的眞哲學，所有其它哲學的眞假，都必須以馬克思哲學作爲尺度來衡量。

(3)目前有外國哲學，像存在主義、結構主義等，都屬於小資產階級的思想，以迷惘、惶惑等概念，引起了青年濃厚的興趣。

(4)有些青年根本不懂得存在主義，但是却認同沙特的「嘔吐」，卡繆的「鼠疫」所發揮的「自我選擇的意志」，以及「個人主義觀點」。

(5)有部份青年把存在主義的思想，當作是馬克思主義的一種補充，甚至以之代替馬克思主義。

(6)指出這種思想傾向，尤其是「自我選擇的意志」和「個人主義觀點」對大陸青年已經起了腐蝕作用，對社會主義精神文明的建設、對共產主義思想的建設，都發生了消極的作用。

⑺呼籲學術界要開始研究存在主義，但必須以馬克思主義來駁斥之。

六、與文滙報同時，更有劉放桐在紅旗半月刊（一九八二年第廿三期）所發表的「薩特及其存在主義」一文，對沙特思想提出了無情的攻擊。在這篇長達一萬多字的文章中，作者作了全面的探討和批判，概括其內容，有下列各重點：

⑴指出沙特「辯證理性批判」一書，是「標榜『接受』馬克思主義，並要用存在主義來『補充』和『革新』馬克思主義；實際上是企圖使馬克思主義存在主義化。」

⑵雖然一方面承認沙特「在一生中爲世界和平和人類進步事業做過不少工作」，但是却站在馬列主義立場批評：「薩特畢竟不是無產階級的思想家，而是一個無政府主義者」，以及「薩特的存在主義從一個方面反映了現代西方社會中廣大小資產階級和知識份子的精神狀態」，還有「現代西方社會中小資產階級和知識份子的這種思想情緒，就是薩特哲學著作和文藝作品所論證和描繪的基本內容，也是它賴以產生的社會根源。」

⑶提出馬克思所强調的「人的本質」是「一切社會關係的總和」，而薩特則「把孤立的個人存在當作他的人學的出發點，一開始就離開了事實，離開了眞理」。

⑷再站在唯物論的觀點，認爲「薩特的純粹意識或純粹主觀性，只是排除了唯物主義，並沒有排除唯心主義；他所主張和宣揚的，是一種非理性主義的直覺主義」，「這種以人的意識活動爲基礎和中心統一世界的觀點，恰恰也是主觀唯心主義的觀點」，因而一定要和沙特劃清界限。

⑸也就因爲沙特的唯心主義，只看到黑暗，沒有看見光明，「所以，從一定意義上說，薩特的存在主義是一種煩惱的哲學，絕望的哲學，因而也是一種歪曲了人的本質，貶低了人的尊嚴的哲學」。因而主張拒絕沙特的思想。

⑹沙特主張的「自由」也全是主觀的，不切實際的，「極端個人主義的」，與恩格斯所指出的自由完全相反的；因而薩特思想是有害的。

⑺呼籲以歷史唯物主義的觀點分析沙特存在主義的階級屬性，揭示它與無產階級世界觀的根本區別。

⑻强調「要正確認識薩特的政治態度和他的哲學立場之間的區別和聯繫」，肯定他的階級地位，並且要以馬克思列寧主義、毛澤東思想來衡量沙特的存在主義。

叁、批　判

一、大陸共產政權盤據神州，欺壓百姓，其暴政實踐已三十多年，民衆早已普遍覺醒；尤其是年青一代，在「現代化」的口號中，要求「自由」，要求「民主」；海外自由民主之風，不斷地吹向大陸鐵幕，而「存在主義」中的「自由」以及「個人存在」，雖非民主社會思想之上乘，但比之於共產暴政，則是久旱甘霖了。

存在主義中，尤其是沙特「反抗」思想，的確始源於生命的苦悶，以及德國納粹的橫行；這外來的「橫行」以及內在的「苦悶」，都亦是目前共產暴政下，人民的親切感受。大陸知識份子一直遭受迫害，跟着沙特喊「苦悶」「荒謬」，而用「反抗」的態度，來對付教條式的馬列主義，原是心理上可以理解的。

三十多年來，中國百姓一直忍饑受寒，到今天仍然看不到共產主義「天堂」的影子，共匪的代代批鬥，一直都把失敗、落後的責任，加在政敵身上，而不肯亦不敢把責任歸給共產制度本身。當今，國民政府領導下的台澎金馬的成功繁榮，却不斷地給大陸同胞傳遞訊息；台省的成功，尤其是經濟生活的提高，以及民主法治的實踐，使共匪頭目亦不得不承認：台澎金馬的成功，而提出了「經濟學台灣」「政治學台北」的口號。這樣，大陸人民早已對共產主義失望，乃致於絕望，而把希望轉向能賜給他們自由，以及富裕生活的三民主義。

沙特的「自由」、「個人」恰好在大陸同胞想拋棄共產主義的心態上出現，於是形成了一股强風，震撼着共匪暴政，更動搖了唯物辯證落實下來的集體主義的思想根本。

前面所提及的「現狀」，亦都是共產政權在垂死前的掙扎；無論是劉欣桐，或是邢賁思，都仍然抱緊「馬列毛」不放，而以之打擊所有異己。

二、在另一方面，沙特逝世還未滿三年（氏於一九八〇年四月十六日死亡），就被中共作爲批鬥的對象。沙特後半生完全爲毛共而活，爲了討好北京，沙特曾經遭受到西方思想的不諒解，乃致於和好友決裂。在巴黎街市上，以一個成名作家之尊，以一個存在主義哲學大師之尊，肯爲毛派沿街兜售雜誌；同時參與毛派集合，參加示威遊行；沙特爲中共做了許多西方人都不肯做的事；甚至，在著作中還爲馬列主義辯護，記者訪問時，公開表明自己是毛澤東同路人（贊成「民覺」的觀點）。但是，祇是因爲其「馬克思主義」並不全等於毛澤東的「馬克思主義」，因而就得被鬥。

在這裡，反共大文豪索忍尼辛說得一點也不錯：共產主義絕不容許一點點的偏差存在。當然，因爲沙特的附毛，並沒有把「自由」和「個人」雙手奉上，這是遲早會受到批鬥的，尤其是利用價值已經消失了之後。

沙特死去了，對中共已經沒有利用的價值了。何況在他的共產學說中還附帶了共產主義絕對容不下的「自由」和「個人」的二項因素！

三、僞「中國社會科學院哲學研究所所長」邢賁思在針對沙特思想時，一直在用「外國的」，而對這「外國的」東西必定得先研究、批判，看看對中國社會文明建設有無幫助，然後定出取捨從違的標準。這原則本來是非常好的；但是，邢氏有沒有想到，「馬克思」也是「外國的」呀！我們爲什麼不先研究、批判，以中國三十多年來的實踐成果，來斷定它的爲害，而應當拋棄呢？爲什麼反而可以用這個「外國的」馬克思，作爲準則，去批判那個「外國的」沙特呢？

其實，馬克思的集體也好，沙特的個人也好，馬列的人民專政也好，沙特的自由也好，都是

「外國的」，其好壞一律要用「中國固有文化」來衡量；凡是與我民族文化認同的，我們就接受它，凡是與我民族文化背道而馳的，我們就拋棄它。在共產暴政下，「自由」是必須的，凡是能提供自由的學說和行動，中國人民就有權利去運用；同樣，在共產集體主義下，「個人」的尊嚴和價值是必須的，凡是能提供個人尊嚴和價值的學說和行動，我們都應當鼓勵。

這是在推翻共匪暴政「破」的方面的工作。

四、在「立」的方面，我們當然不必奉沙特爲準則，其「自由」「個人」的概念在非常時期中有用（在法國反對德國納粹時，以及目前去推翻共匪暴政時），但在建國的積極行動中，仍然需要中華文化的「仁民愛物」理想，以及西方「民主法治」概念。這種融中西於一爐的工作，無論在理論上，或是在實踐上，都由三民主義在運用中，在推行中。

五、用沙特的「自由」和「個人」去破共匪暴政，用三民主義的理想來建立三民主義的新中國。

滄海叢刊已刊行書目（一）

書　　　名	作　　者	類　　別
中國學術思想史論叢 (一)(二)(三)(四)(五)(六)(七)(八)	錢　穆	國學
國父道德言論類輯	陳立夫	國父遺教
兩漢經學今古文平議	錢　穆	國學
先秦諸子論叢	唐端正	國學
先秦諸子論叢（續篇）	唐端正	國學
儒學傳統與文化創新	黃俊傑	國學
湖上閒思錄	錢　穆	哲學
人生十論	錢　穆	哲學
中西兩百位哲學家	黎建球 鄔昆如	哲學
比較哲學與文化 (一)(二)	吳　森	哲學
文化哲學講錄 (一)(二)	鄔昆如	哲學
哲學淺論	張康譯	哲學
哲學十大問題	鄔昆如	哲學
哲學智慧的尋求	何秀煌	哲學
哲學的智慧與歷史的聰明	何秀煌	哲學
內心悅樂之源泉	吳經熊	哲學
愛的哲學	蘇昌美	哲學
是與非	張身華譯	哲學
語言哲學	劉福增	哲學
邏輯與設基法	劉福增	哲學
中國管理哲學	曾仕强	哲學
老子的哲學	王邦雄	中國哲學
孔學漫談	余家菊	中國哲學
中庸誠的哲學	吳　怡	中國哲學
哲學演講錄	吳　怡	中國哲學
墨家的哲學方法	鐘友聯	中國哲學
韓非子的哲學	王邦雄	中國哲學
墨家哲學	蔡仁厚	中國哲學
中國哲學的生命和方法	吳　怡	中國哲學
希臘哲學趣談	鄔昆如	西洋哲學
中世哲學趣談	鄔昆如	西洋哲學

滄海叢刊已刊行書目（二）

書名	作者	類別
近代哲學趣談	鄔昆如	西洋哲學
現代哲學趣談	鄔昆如	西洋哲學
佛學研究	周中一	佛學
佛學論著	周中一	佛學
禪話	周中一	佛學
天人之際	李杏邨	佛學
公案禪語	吳怡	佛學
佛教思想新論	楊惠南	佛學
不疑不懼	王洪鈞	教育
文化與教育	錢穆	教育
教育叢談	上官業佑	教育
印度文化十八篇	糜文開	社會
清代科舉	劉兆璸	社會
世界局勢與中國文化	錢穆	社會
國家論	薩孟武譯	社會
紅樓夢與中國舊家庭	薩孟武	社會
社會學與中國研究	蔡文輝	社會
我國社會的變遷與發展	朱岑樓主編	社會
開放的多元社會	楊國樞	社會
財經文存	王作榮	經濟
財經時論	楊道淮	經濟
中國歷代政治得失	錢穆	政治
周禮的政治思想	周世輔 周文湘	政治
儒家政論衍義	薩孟武	政治
先秦政治思想史	梁啓超原著 賈馥茗標點	政治
憲法論集	林紀東	法律
憲法論叢	鄭彥棻	法律
師友風義	鄭彥棻	歷史
黃帝	錢穆	歷史
歷史與人物	吳相湘	歷史
歷史與文化論叢	錢穆	歷史
中國人的故事	夏雨人	歷史
老台灣	陳冠學	歷史
古史地理論叢	錢穆	歷史
我這半生	毛振翔	歷史

滄海叢刊已刊行書目㈢

書名	作者	類別
弘一大師傳	陳慧劍	傳記
孤兒心影錄	張國柱	傳記
精忠岳飛傳	李安	傳記
師友雜憶合刊 八十憶雙親	錢穆	傳記
中國歷史精神	錢穆	史學
國史新論	錢穆	史學
與西方史家論中國史學	杜維運	史學
中國文字學	潘重規	語言
中國聲韻學	潘重規 陳紹棠	語言
文學與音律	謝雲飛	語言
還鄉夢的幻滅	賴景瑚	文學
葫蘆・再見	鄭明娳	文學
大地之歌	大地詩社	文學
青春	葉蟬貞	文學
比較文學的墾拓在臺灣	古添洪 陳慧樺	文學
從比較神話到文學	古添洪 陳慧樺	文學
牧場的情思	張媛媛	文學
萍踪憶語	賴景瑚	文學
讀書與生活	琦君	文學
中西文學關係研究	王潤華	文學
文開隨筆	糜文開	文學
知識之劍	陳鼎環	文學
野草詞	韋瀚章	文學
現代散文欣賞	鄭明娳	文學
現代文學評論	亞菁	文學
藍天白雲集	梁容若	文學
寫作是藝術	張秀亞	文學
孟武自選文集	薩孟武	文學
歷史圈外	朱桂	文學
小說創作論	羅盤	文學
往日旋律	幼柏	文學
現實的探索	陳銘磻編	文學
金排附	鍾延豪	文學

滄海叢刊已刊行書目 (四)

書名	作者	類別
放鷹	吳錦發	文學
黃巢殺人八百萬	宋澤萊	文學
燈下燈	蕭蕭	文學
陽關千唱	陳煌	文學
種籽	向陽	文學
泥土的香味	彭瑞金	文學
無緣廟	陳艷秋	文學
鄉事	林清玄	文學
余忠雄的春天	鍾鐵民	文學
卡薩爾斯之琴	葉石濤	文學
青囊夜燈	許振江	文學
我永遠年輕	唐文標	文學
思想起	陌上塵	文學
心酸記	李喬	文學
離訣	林蒼鬱	文學
孤獨園	林蒼鬱	文學
托塔少年	林文欽編	文學
北美情逅	卜貴美	文學
女兵自傳	謝冰瑩	文學
抗戰日記	謝冰瑩	文學
給青年朋友的信(上)(下)	謝冰瑩	文學
孤寂中的廻響	洛夫	文學
火天使	趙衛民	文學
無塵的鏡子	張默	文學
大漢心聲	張起鈞	文學
回首叫雲飛起	羊令野	文學
文學邊緣	周玉山	文學
累廬聲氣集	姜超嶽	文學
實用文纂	姜超嶽	文學
林下生涯	姜超嶽	文學
材與不材之間	王邦雄	文學
人生小語	何秀煌	文學
比較詩學	葉維廉	比較文學
結構主義與中國文學	周英雄	比較文學
韓非子析論	謝雲飛	中國文學
陶淵明評論	李辰冬	中國文學

滄海叢刊已刊行書目㈤

書名	作者	類別
文學新論	李辰冬	中國文學
分析文學	陳啓佑	中國文學
離騷九歌九章淺釋	繆天華	中國文學
苕華詞與人間詞話述評	王宗樂	中國文學
杜甫作品繫年	李辰冬	中國文學
元曲六大家	應裕康 王忠林	中國文學
詩經研讀指導	裴普賢	中國文學
莊子及其文學	黃錦鋐	中國文學
歐陽修詩本義研究	裴普賢	中國文學
清眞詞研究	王支洪	中國文學
宋儒風範	董金裕	中國文學
紅樓夢的文學價值	羅盤	中國文學
中國文學鑑賞擧隅	黃慶萱 許家鸞	中國文學
浮士德研究	李辰冬譯	西洋文學
蘇忍尼辛選集	劉安雲譯	西洋文學
印度文學歷代名著選(上)(下)	糜文開	西洋文學
文學欣賞的靈魂	劉述先	西洋文學
西洋兒童文學史	葉詠琍	西洋文學
現代藝術哲學	孫旗譯	藝術
音樂人生	黃友棣	音樂
音樂與我	趙琴	音樂
音樂伴我遊	趙琴	音樂
爐邊閒話	李抱忱	音樂
琴臺碎語	黃友棣	音樂
音樂隨筆	趙琴	音樂
樂林蓽露	黃友棣	音樂
樂谷鳴泉	黃友棣	音樂
樂韻飄香	黃友棣	音樂
水彩技巧與創作	劉其偉	美術
繪畫隨筆	陳景容	美術
素描的技法	陳景容	美術
人體工學與安全	劉其偉	美術
立體造形基本設計	張長傑	美術
工藝材料	李鈞棫	美術

滄海叢刊已刊行書目（六）

書名	作者	類別
都市計劃概論	王紀鯤	建築
建築設計方法	陳政雄	建築
建築基本畫	陳榮美 楊麗黛	建築
中國的建築藝術	張紹載	建築
現代工藝概論	張長傑	雕刻
藤竹工	張長傑	雕刻
戲劇藝術之發展及其原理	趙如琳	戲劇
戲劇編寫法	方寸	戲劇